AF201001

Ulrike Sals

Das erste Semester
in den Geisteswissenschaften

... und Tipps für spätere Probleme

Bibliografische Information der Deutschen Nationalbibliothek: Die Deutsche Nationalbibliothek verzeichnet diese Publikation in der Deutschen Nationalbibliografie; detaillierte bibliografische Daten sind im Internet über dnb.dnb.de abrufbar.

© 2018 Ulrike Sals

Herstellung:

BoD – Book on Demand, Norderstedt

ISBN: 978-3-7481-9991-5

Inhalt:

6. Eigene Texte schreiben

7. Nachwort

Warum dieses Buch und warum ich?

Zwölf Jahre lang habe ich verschiedene Lehrveranstaltungen an den Universitäten von Würzburg, Berlin, Bern und Hamburg gehalten, habe ca. 30 Kindern und Jugendlichen Nachhilfe in verschiedenen Fächern gegeben. Obwohl der Zeitraum vergleichsweise lang ist und die Orte und Studiengänge verschieden sind, stehen StudienanfängerInnen allzu oft vor denselben Problemen.

Dieses Buch ist über die Jahre gewachsen von einzelnen Handouts zu ganzen Seminaren über wissenschaftliches Arbeiten. Ich habe die verschiedenen Papiere, die sich im Laufe der Zeit angesammelt haben, geordnet, aktualisiert und verallgemeinert. Studierende aus Hamburg, Braunschweig und Freiburg haben das Manuskript Korrektur gelesen.

Aber alles das schiebe ich hiermit beiseite: Mein Material ist gut, und ich möchte, dass viele Leute davon profitieren, weil Lernen einfach unendlich Spaß macht. Sich durch Technikunkenntnis vom Lesen, Recherchieren und Forschen abhalten zu lassen, ist einfach schade. Also Leute: Lest dieses Buch, versteht es, wendet die Tipps an und stürzt Euch dann in die Bücher, Beobachtungen und Gespräche.

Werdet schlau und rettet die Welt!

Wissenschaft und Geisteswissenschaften

Seit den Zeiten Platons (5./4. Jh. v.Chr.) beklagen sich gebildete Erwachsene über „die" ungebildeten, dummen und faulen Schüler und Jugendlichen. Natürlich auch über den Verfall von Wissen und Kultur.[1] Da diese Klage aber schon seit 2500 Jahren für jede Generation wiederholt wird, und die aktuellen Gesellschaften immer noch nicht im Stadium der Einzeller angekommen sind, können Sie diese Rede vom Kulturverfall getrost vergessen (Früher war früher auch nicht alles besser). Sie verfügen nicht über bestimmte Fertigkeiten und Wissen, weil Sie dafür anderes können und wissen.

Anders als bisherige Generationen müssen Sie nicht Wissen suchen, sondern müssen Wissen *aus*suchen. In der Informationssintflut (Stanislaw Lem 1976)[2] gehen Sie nur dann nicht unter, wenn Sie zwischen wichtig und unwichtig unterscheiden können und wenn Sie alle technische und wissenschaftliche Hilfsmittel bestmöglich zu nutzen, um Wissen zu filtern und Komplexitäten zu reduzieren. Zugleich müssen Sie zwei Konzentrationsformen erlernen und immer weiter ausbilden: Sie müssen sich in eine Sache vertiefen können, und Sie müssen Oberflächen-Rezeption leisten können, bereits in der Wahrnehmung filtern.

Sie sind darüberhinaus hohen Ansprüchen an Ihre Persönlichkeit ausgesetzt: Sie müssen unbedingt individuell sein. Sie müssen sich in Ihrem Studium auf flexibles Arbeiten und ein Einstellen auf jede neue Situation vorbereiten, Ihre eigene Individualität weiter ausbilden. Gleichzeitig müssen Sie in vielen Zügen Ihres Daseins aber auch „marktkonform" sein. Sie leisten ein durch und durch formalisiertes Studium ab, das zu oft ent-individualisiert ist (z.B. durch Standard-Prüfungen wie Multiple Choice oder Massen-Seminare). Letztlich dringen beide Ansprüche regelrecht in Ihre Intimität ein, aber das scheint nur

---

[1] S. dazu u. S. 56f.
[2] S. dazu u. S. 56.

wenige zu kümmern. Solange sich unsere Gesellschaft dies-
bezüglich nicht ändert, müssen Sie beiden gegensätzlichen
Ansprüchen gerecht werden. Letztlich heißt das: Individualität
und Kreativität können Sie nur erwerben und zeigen, wenn Sie
das Handwerk beherrschen. Was „das Handwerk" ist, zeige ich
Ihnen auf den folgenden Seiten. Was Sie daraus machen, liegt in
Ihrer (s.o.) individuellen Entscheidung.

Dieses Büchlein spricht viele große Themen sehr kurz an. Zu so
gut wie allem gibt es eigene Literatur, die Sie vertiefend zu Rate
ziehen sollten, wenn Sie an einer Stelle mehr wissen wollen.

Noch eine Anmerkung zu den Tipps: Schweren Herzens werde
ich keine Literatur- und Programmtipps geben, weil zum einen
Tipps in Gestalt der Computerprogramme schneller veralten, als
ich sie mir erschließen kann, und weil zum anderen der Usus in
den verschiedenen Fächern und in den einzelnen Personen so
unterschiedlich ist, dass dieses Büchlein entweder einen zu
weiten oder einen zu engen Rahmen hat.

Wissenschaft

Was ist wissenschaftliches Denken? Wie auch der längste Weg
mit dem ersten Schritt beginnt, steht am Anfang jeder Wissenschaft ein "Hä?". Das wird gefolgt von einem Wissenwollen und
dem Nachgeben und Nachgehen dieses Drangs.

Was ist wissenschaftliches Arbeiten? Wissenschaftliches Arbeiten unabhängig von der Fachrichtung ist fehlerfrei, vollständig, genau, nachprüfbar, wiederholbar, methodisch fundiert,
sachlich und neutral (nicht „objektiv", denn immer ist die erfor-
schende Person in ihre Forschung involviert). Diese Anforderungen sind grundsätzlich auch an Ihre Klausuren, Referate,
Seminararbeiten und sogar mündliche Prüfungen gestellt, auch
wenn studienhektikbedingt von Ihren Prüfenden Abstriche gemacht werden. Gleichzeitig werden alle diese Kriterien in den
Geisteswissenschaften problematisiert. Trotz allem sind sie und
Sie im Grundsatz daran gebunden.

Universität ist – insbesondere in vielen geisteswissenschaftlichen Fächern – erheblich weniger strukturiert als Schule. Das bedeutet, dass Sie am besten genau wissen müssen, was Sie wollen und was Sie tun. Sie sind darauf angewiesen, sich selbst Strukturen zu geben, sei es in zeitlicher Hinsicht, in Ihren Zielen, die Art, wie Sie sie erreichen können. Sie müssen sich selbst beständig selbst einschätzen (können). Nun könnten Sie zurecht denken, dass Sie ja gar nicht studieren müssten, wenn Sie das alles schon können. Aber genau das ist das Problem.

Zugleich sind Impulse, die sich aus dem Treibenlassen entwickeln, durch nichts zu ersetzen.

Geisteswissenschaften

Gegenstand der Geisteswissenschaften sind die Herausbildung und Präzisierung von immer neuen Fragen, das Wahrnehmen der vielen Antwortmöglichkeiten und mehr noch die Vervielfachung der Perspektiven. All das gilt es nachzuverfolgen und selbst zu erlernen – womit man wiederum schlichtweg nicht aufhören kann, das Stichwort von lebenslangen Lernen steht in diesem Zusammenhang. Deshalb sind Gespräche in Seminaren und in anderen festen und losen Gruppen so wichtig. Hören Sie nicht auf zu denken und fangen sie immer wieder neu an zu denken. Tatsächlich sind beide Tätigkeiten gleichzeitig. Sie brauchen verschiedene Perspektiven und Vergleiche. Dafür lesen Sie Bücher und nehmen alle anderen Arten der Medien wahr.

Gerade die Geisteswissenschaften haben es im aktuellen Wandel in ein digitales Zeitalter schwer. Der wichtigste Grund ist mir hier, dass Geisteswissenschaften im deutschen Sprachraum (noch immer) historischen Fragen und Kontexten verpflichtet ist, weil Fragen, Perspektiven und Antworten anderer Zeiten unseren Horizont erweitern. Aktuelle Kulturen im weitesten Sinne sind zur Zeit aber eher geschichtsvergessen. Ein Kern geisteswissenschaftlichen Tuns ist es außerdem, Zusammenhänge zu finden, es ist eine Verstehenswissenschaft durch gedankliche Durchdringung des Gegenstandes. Das steht dem aktuellen Tempo entgegen.

Schlüsselqualifikationen

Zeitmanagement, Technik-Wissen und Persönlichkeit sind wahrscheinlich die Schlüsselqualifikationen der Gegenwart und nahen Zukunft.

Aber auch andere konkretere Qualifikationen laufen immer mit: bei Klausuren sind es das Schriftbild, die Rechtschreibung, und der sprachliche Ausdruck. Bei Lernprozessen sind es die Arbeitsorganisation, die Technik und die richtige Literatur. Bei mündlichen Prüfungen sind es eine feste Stimme, verbindliches Auftreten, schnelles Schalten, und verbale und nonverbale Wahrnehmungs- und Ausdrucksfähigkeit.

Selbstevaluation

Das heißt vor allem, dass Sie in einem andauernden Prozess der Selbstreflexion stehen: Was sind meine Stärken? Was sind meine Schwächen? Wo habe ich Verbesserungspotential? Wo habe ich Defizite?

Das beste Vorgehen ist hier, Selbstreflexionen regelmäßig zu unternehmen, am besten in einem festen Takt oder nach Referaten, Klausuren etc. Verlassen Sie sich nicht nur auf die Rückmeldungen der Dozierenden! Studium heißt auch, dass Sie selbst für sich verantwortlich sind. Auch wenn Sie wie Schüler behandelt werden und beständig kontrolliert und geprüft werden, sind Sie am Ende dann doch selbst die einzige Person, die sich um Sie kümmern kann.

Häufige Selbstevaluation kann aber auch in Stress ausarten: Eine Sau wird nicht fetter dadurch, dass man sie häufiger wiegt. So ist ein goldener Weg: Abstand bekommen. Nur durch Abstand zu

Ihrem Tun können Sie es evaluieren. Und nur durch Abstand können Sie sich erholen.

Persönlichkeit

Ihre Persönlichkeit auszubilden, ist unter dem Druck, dem Sie ständig ausgesetzt sind, extrem schwierig. In Casting-Shows heißt das „Bühnenpräsenz". Die eigene Persönlichkeit bildet man wohl am besten in der Kombination von Lernen, Jobben, Freizeit und Nichtstun aus. Andere bezeichnen das als „Leben": Tatsächlich kann man „Persönlichkeit" nicht als Handlungsziel ausbilden. Sie ist nur immer willkommener Nebeneffekt, der sich erst in der Rückschau als der eigentliche Gegenstand des Studiums herausstellt.

Die Diskussionen um die Struktur der BA/MA-Studiengängen behandeln am Ende genau diese Frage, ob die aktuellen Studienstrukturen für die Ausbildung und das Heranreifenlassen der eigenen Persönlichkeit genug Raum lassen und ob es Ziel des Studiums sei, eine Persönlichkeit zu bilden oder nicht vielmehr der Erwerb von Wissen und Kompetenzen. Ihnen kann das letztlich egal sein: Sie sind in diese Studienstrukturen hineingeworfen ebenso wie in die unklaren Anforderungen eines unsichtbaren „Marktes", in dem Sie sich möglichst gut „verkaufen" müssen.

Die einzige Möglichkeit dieses vorliegenden Büchleins, Ihre Persönlichkeit ausbilden zu helfen, besteht bestenfalls in einer Art Kalendersprüchen und der Hoffnung, irgendetwas rührt Sie zufällig so an, dass Sie einen entscheidenden Impuls davon bekommen. Etwa diese:

-   Interessieren Sie sich für das, was sie studieren. Sonst studieren Sie bitte, was Sie interessiert.
-   Halten Sie sich nicht für unwichtig.

Aber anrühren lassen kann man sich ausweislich aller Biographien und aller Hollywoodfilme von banalsten Zeichen.

Bei Parzival reichen drei Blutstropfen im Schnee, bei den Lesern Wolframs von Eschenbach reicht das Gefieder einer Elster.

1. Die Universität

1.1 Vor der ersten Veranstaltungswoche

Insbesondere das erste Semester besteht aus einer großen Reiz-überflutung. Der eigene Status ist neu, der Lebenstakt, gleichermaßen ein Gefühl von Freiheit und Korsett. Sie müssen sich womöglich mit einer neuen Stadt, einer neuen Wohnsituation und in jedem Fall mit dem neuen Ungetüm „Universität" auseinandersetzen. Nun sind inzwischen die O-Phasen recht professionalisiert, aber dennoch stürzt alles gleichzeitig auf Sie ein. Hier ist es eine gute Idee, sich bereits portionsweise mit dem Gedanken des Studiums vertraut zu machen.

- Besorgen Sie sich ein Vorlesungsverzeichnis und ein Kommentiertes Vorlesungsverzeichnis. Ein Papierausdruck oder eine bearbeitbare digitale Version ist gerade zum ersten Semester sinnvoll, damit Sie darin anstreichen und es anderweitig durcharbeiten und es immer wieder anschauen können. Lesen Sie darin.
- Surfen Sie durch alle homepages und anderes Internetige, was Ihre Uni so hat.
- Ziehen Sie bitte mindestens zehn Tage vor Beginn der Vorlesungszeit um.
- Betreten Sie vor der ersten Semesterwoche schon einmal die Uni: Wo ist Bibliothek, Institut, Cafete, Klo?
- Setzen Sie sich irgendwohin und atmen Sie die Atmosphäre.
- Beschaffen Sie sich bereits einen Bibliotheksausweis, eine Bezahlkarte und was es sonst noch an Zugangserlaubnissen braucht. In der ersten Vorlesungswoche sind die Warteschlangen sehr sehr lang.
- Schauen Sie sich auf den Fluren Ihres künftigen Instituts um (ohne die Arbeit der anderen zu stören).
- Eine inhaltliche Vorbereitung auf das Studium schadet nicht: Lesen Sie Literatur, die zur Vorbereitung im

Kommentierten Vorlesungsverzeichnis angegeben ist. Streifen Sie durch die Bibliothek und lesen, was Sie möchten. Verabschieden Sie sich zugleich von der Illusion, sämtliche Literatur lesen zu können.

Insbesondere in Deutschland wechseln sehr viele Studierende direkt aus der Schule an die Universität. Auch wenn der Eindruck entstehen sollte, die Uni sei wie Schule, nur cooler, ist das falsch: Grundsätzlich ist Universität eine Einrichtung der Bildung (und zunehmend Ausbildung) erwachsener Menschen. Ob Sie lernen oder nicht, anwesend sind oder nicht und schon gar die Gründe hierfür, interessieren Ihre Dozierenden per-sönlich nicht. Wer gewisse Leistungen (und sei es nur die Anwesenheit) nicht liefert, fliegt. Das heißt auch: Wenn Sie sich nicht vorbereiten, sind Sie selbst die einzige Person, der Sie schaden. Der/die Dozierende weiß schon, was er/sie unterrichtet. Sie aber nicht.

1.2 Universitäre Veranstaltungsformen

Bei allem, was Sie in den nächsten Jahren lernen, bewegen Sie sich kognitiv in einer Hin- und Herbewegung. Was Sie mündlich, schriftlich oder mit anderen Sinnen wahrnehmen, filtern und reduzieren Sie. Wissen, das Ihnen aus eigenen oder fremdbestimmten Gründen wichtig ist, erweitern Sie (auf denselben Wegen). Ordnen Sie klugerweise nicht zu schnell Wissensfelder als unwichtig und Dozierende/Veranstaltungen als langweilig ein. Zwar haben Sie keine Zeit für Experimente, aber Sie können Geduld haben. So manche Inhalte stellen sich deutlich später doch als sinnvoll heraus, so mancher Dozent wird erst mit der Zeit ein interessanter Lehrer.

Das erste Semester dient (neben den vielen Klausuren etc) vor allem der Orientierung, der Oberflächen-Rezeption ingesamt und ersten Überblicken. Motivationen sind hauptsächlich extrinsisch, d.h. von außen an Sie herangetragen. Erst im Laufe der Zeit haben Sie überhaupt so wenige Zwänge, dass Sie die Möglichkeit haben, Ihre intrinsische Motivation wieder zu entdecken und auszubilden.

Auch wenn wegen eines schlechten Personalschlüssels und manchmal wegen der schlechten didaktischen Vorbereitung einiger Dozierender Veranstaltungsformen ununterscheidbar werden, hat die Klassifikation der Veranstaltungen Sinn:

Vorlesung

Sie wird in der Regel von ProfessorInnen und Privatdozierenden gegeben. Es handelt sich um Vorträge zum Titel der Veranstaltung. Die Kommunikation geht also von der vortragenden Person zu den ZuhörerInnen. Ihre Aufgabe ist es, das Gehörte klug mitzuschreiben, zu verstehen, zu behalten. Auch behandelte Literatur zu lesen und die Mitschriften nachzubereiten, empfiehlt sich sehr, fällt aber viel zu oft hinter die anderen Verpflichtungen zurück. Dabei ist eine Vorlesung etwas anderes als analoges Fernsehen: konkrete Fragen und Mitdenken erleichtern das Verstehen, weil sich damit der Stoff für Sie ordnet. Im BA/MA-System wird auch das erworbene Wissen aus der Vorlesung geprüft.

Seminar

Seminare sind unterschieden in Proseminare (in der BA-Phase), Seminare (oft in beiden Phasen möglich) und Hauptseminare (in der MA-Phase). Gegenstand ist, gemeinsam als Plenum der Studierenden unter Anleitung durch die dozierende Person ein Thema zu bearbeiten. Es ist also ein dialogisches Erarbeiten und Lernen. Hier werden zumeist Referate gehalten.

Übung

Übungen sind als besonders inhaltsorientiert gedacht. Der Stoff steht im Vordergrund, die klassischen Referate und Klausuren finden sich hier selten. Trotzdem (böse Zungen widersprechen hier „deswegen") wird oft sehr intensiv gearbeitet und gelernt. Es gibt zumeist wenige Teilnehmende. Die Veranstaltungszeit liegt oft an den Rändern der Woche und des Tages.

Kolloquium

Colloquium ist lateinisch und heißt „Gespräch". Zumeist ist ein Kolloquium an eine Vorlesung gekoppelt. Sie dient dazu, ein Thema untereinander zu diskutieren. Tiefe Einblicke und intensive Diskussionen werden möglich.

Tutorium

Tutorien werden zumeist von erfahrenen Studierenden oder gerade Examinierten gegeben. Sie sind eingerichtet, um eine Vorlesung oder eine Einführungsveranstaltung zu unterstützen und in kleineren Gruppen das präsentierte Wissen oder die gelehrten Fertigkeiten zu rekapitulieren und einzuüben.

Modul

Der Begriff stellt ein Lehnwort aus dem Englischen dar und bedeutet „Baustein". Ein Modul ist eine Gruppe von zwei und mehr Veranstaltungen. Manche müssen in einem Semester abgeleistet werden. Andere bauen zwingend aufeinander auf. Sie gehören zu demselben Themenbereich und sind deshalb inhaltlich aufeinander bezogen. Oft werden sie zusammen abgeprüft. Sie merken: Näheres regelt das Kleingedruckte Ihrer Prüfungsordnung.

Pflicht, Wahlpflicht und Wahl

Seminare und Module sind eingeordnet in Pflicht-, Wahlpflicht und Wahlveranstaltungen: Pflichtveranstaltungen müssen Sie besuchen. Sie können sich bestenfalls aussuchen, in welchem Semester. Aber ein frühestmöglicher Zeitpunkt ist ratsam, damit Sie diese Veranstaltung dann auch sicher absolviert haben. Wahlveranstaltungen können Sie frei nach Interesse wählen. Aus den verschiedenen Wahlpflichtveranstaltungen müssen Sie eine oder mehrere aussuchen.

s.t. und c.t.

Das sind die Abkürzungen für „sine tempore" und „cum tempore", d.h. „ohne Zeit" und „mit Zeit". „Zeit" ist hier die sogenannte akademische Viertelstunde, die eine Lehrveranstaltung später anfängt. „10-12" als Veranstaltungszeit heißt also, dass die Veranstaltung tatsächlich 10.15 Uhr anfängt. Wenn ein „s.t." dahinter steht, beginnt die Veranstaltung pünktlich um zehn. Jede Veranstaltung hört eine Viertelstunde vor der angegebenen Zeit auf.

Jenseits von Lehrveranstaltungen

Universitäten haben eine sehr lebendige kulturelle Infrastruktur, die Sie nutzen sollten, weil Sie so ein Angebot wohl nie wieder so leicht erreichen können: Hochschulorchester, Sport, Theater, Kino, Vorträge, Partys, politische Gruppen und vieles andere können Sie konsumieren und sich daran beteiligen.

1.3 Das Universitätspersonal

An der Universität arbeiten Lehrpersonen mit verschiedenen Befugnissen, Verantwortungen und Gehältern.

- ProfessorInnen. Sie sind die Verantwortlichen eines Instituts. Sie sind am höchsten qualifiziert und nehmen auch die Examina ab. Sie geben vor allem (Haupt-)Seminare und Vorlesungen.
- Akademische Räte und Assistierende. Während die ersten normalerweise festangestellt sind und oft etwas älter, sind Assistierende zumeist einem Professor zugeordnet und häufig Anfänger in der akademischen Lehre. Das muss nicht von Nachteil sein, weil sie deshalb hochmotiviert sind. Sie geben insbesondere Proseminare und Veranstaltungen der Studieneingangsphase.
- Lehrbeauftragte. Lehrbeauftragte sind keine Angestellten der Universität, sondern haben nur ein stundenweises Honorar für die eine Lehrveranstaltung. Sie prüfen zumeist auch nicht. Trotzdem oder gerade deswegen können Ihre Lehrveranstaltungen sehr interessant sein, bewegen sich aber auch selten im Pflichtbereich.
- Privatdozierende. Sie haben durch Doktortitel und Habilitation alle Qualifikationen zur Bekleidung einer Professur, nur die Professur nicht. Sie bewerben sich zumeist gerade auf ausgeschriebene Stellen. Wenn sie nicht zeitgleich eine andere Stelle an der Universität haben, geben sie die Lehrveranstaltung gratis.
- Sodann gibt es eine ganze Reihe anderer Funktionen wie das Rektorat, die Immatrikulationsbüros und die Prüfungssekretariate. Sie werden Ihnen nicht als Lehrpersonal entgegentreten, haben aber eine wichtige Rolle (für Sie direkt in Gestalt des Immatrikulationsbüros, indirekt in Gestalt des Rektorats und später in Gestalt der Prüfungssekretariate).
- Sehr hilfreich können der AStA (= Allgemeiner Studierenden-Ausschuss) und die Fachschaft für Sie sein. Das sind Studierendenvertretungen der gesamten

Universität (AStA) oder des Instituts (Fachschaft). Dazu gehören je nach Universität Frauenräume, Diskussionsgruppen und verschiedene Beratungs-stellen. Sich selbst zu engagieren, gehört zu den sinnvollsten Tätigkeiten neben allen offiziellen Uni-Angelegenheiten.

- Hilfreiche Einrichtungen sind die Sozialberatung, das BAföG-Amt, psychotherapeutische Ambulanzen.
- Wohl die unterschätzteste Gruppe sind die Sekretärinnen. Begegnen Sie Ihnen gut.

1.4 Sich zurechtfinden

Sie müssen, um irgendetwas aufzuschnappen, (re)agieren wie ein Raubfisch auf die Schwarmintelligenz von Millionen Kleinfischen: Auf eine Sache konzentrieren und sich nicht durch vermeintlich leichtere Alternativen verlocken lassen – und dann gar nichts haben. Dieser Satz ist deshalb so allgemein formuliert, weil er auf vieles passt – von einer Warteschlange über die - Erledigung von Aufgaben bis zu Lebensfragen.

Massen

Die prägendste und frustrierendste Erfahrung des ersten Semesters wird bei Ihnen womöglich das Gefühl sein, zu einer Masse zu gehören. Dazu gehört die anfängliche Aufregung, sich mit vielen anderen in einen Seminarraum zu quetschen – um dann die dozierende Person stöhnen zu hören, dass Sie alle ja so viele sind. Da fühlt man sich doch wirklich als eigene Person wahrgenommen und als ehrgeiziger Studi geschätzt!

Hier hilft es am besten, sich mit mehreren zusammen zu tun, die sich z.B. in der Zeit zwischen den Veranstaltungen treffen. Das gibt Orientierung und damit einen Halt. Im selben Boot kann man sich gut austauschen. Und man muss nicht befürchten, über längere Zeit allein dumm herum zu stehen.

Selbstreflexion
Wie geht es Ihnen in welcher Situation wie? Wann fühlen Sie sich in der Masse am wohlsten? Wann in einer kleinen Gruppe? Was können Sie ändern? Ändern Sie es!

Uhrzeiten
Die meisten Studierenden sind aus verschiedenen Gründen Dimido-Studis = sie besuchen Lehrveranstaltungen an Dienstag, Mittwoch, Donnerstag, und zwar von 10-16 Uhr. Das heißt im Umkehrschluss, dass Lehrveranstaltungen außerhalb dieser Zeiten deutlich weniger besucht sind (es sei denn, es handelt sich um Pflichtveranstaltungen).

Daran können Sie sich ausrichten, allerdings wohl erst in den Folgesemestern, wenn sie etwas mehr Erfahrung und Einblick in den Uni-Betrieb und Ihre eigenen Interessen haben: Wenn Sie sich in der Masse verstecken wollen, ist eine Lehrveranstaltung zu den überlaufenen Zeiten geeignet. Und: Nach meiner Erfahrung war das Thema genauso gleichgültig wie die dozierende Person – in einer Veranstaltung von 5-10 Studis habe ich mit Abstand am meisten und am intensivsten gelernt. Sie fanden alle 18-20 Uhr statt. Sie sind mir in ihrer anregenden Stimmung und ihren Inhalten noch heute präsent. Stattdessen erinnere ich mich bei den Massenseminaren an gar nichts, nur daran, dass ich manchmal an unmöglichsten Stellen auf Treppen und dem blanken Boden gesessen und kaum etwas gesehen und gehört habe. Worum es ging, habe ich vergessen.

Selbstreflexion
Welche Möglichkeiten der zeitlichen Gestaltung von Lehrveranstaltungsbesuchen haben Sie? Was liegt Ihnen? Wo wollen Sie Schwerpunkte setzen?

Kommunikation mit der/dem Dozierenden

Mit dozierenden Personen jeder Gehaltsklassen kann man ganz normal kommunizieren, persönlich, telefonisch oder per email. Haben sie keine Scheu vor Titeln oder Status. Haben Sie aber Scheu vor Belästigungen: Mailen Sie den Doz nicht an mit der Frage, wann er/sie eigentlich Sprechstunde hat.

Immer wieder genieren sich Studierende, wenn sie außerhalb der Universität zufällig auf einen Dozenten/Dozentin treffen. Aber das muss Ihnen noch nicht einmal in der Sauna peinlich sein – da sind Sie nämlich beide nackt. Bedenken Sie: Auch ein Professor muss sich manchmal Zahnpasta kaufen. Auch eine Lehrbeauftragte geht manchmal ins Kino.

Wünsche einer Dozierenden an ihre Studierenden

Kleidung: Eine Universität ist für alle Beteiligten ein riesiger Raum der Inszenierung und Selbstinszenierung. Mich in der juristischen Bibliothek aufzuhalten, hat mir den Erwerb von Modezeitschriften ersetzt – die Gänge waren ein einziger Laufsteg. Das können Sie selbst halten, wie Sie mögen. Und lassen Sie sich nicht bange machen. Aus der Perspektive einer Lehrenden ist mir aber wichtig: Es gibt trotzdem einen Unterschied zwischen Universität und Strand. Es gibt trotzdem einen Unterschied zwischen Universität und Tanzclub. Bitte kleiden Sie sich für die Lehrveranstaltung ernsthaft, wenn Sie ernstgenommen werden wollen.

Essen und Trinken in der Lehrveranstaltung: In Massenveranstaltungen fällt der dozierenden Person nicht auf, wieviele Studis während der Lehrveranstaltung essen oder trinken. Die allgegenwärtigen Trinkflaschen, an denen wohl im Minutentakt genuckelt werden muss, lassen sich kaum mehr abschaffen (warum eigentlich sind nicht alle vorhergehenden Generationen der Menschheitsgeschichte verdurstet?). Aber zu einer minimalen Professionalität gehört, dass Sie es schaffen, Ihre Mahlzeiten und Ihre Flüssigkeitszufuhr wie ein erwachsener Mensch zu organisieren. In einer Lehrveranstaltung zu essen und zu trinken, ist respektlos gegenüber der dozierenden Person. Wenn Sie also den Disrespekt ausagieren wollen, tun Sie das (wobei Sie vielleicht trotzdem von dem Verzehr von Eis, Döner und Pizza in der Vorlesung Abstand nehmen sollten). Wenn Sie von der dozierenden Person oder dem Inhalt, den Sie sonst nicht mitkriegen, auch nur etwas Achtung haben, dann lassen Sie das. Smartphones, Handys und anderes, was klingelt: Schalten Sie Ihre Gerätschaften auf „lautlos". Insbesondere im ersten Semester können und sollten Sie in Lehrveranstaltungen nicht zwischen „wichtig" (= Fon aus) und „unwichtig" (= Fon an) unterscheiden. Insgesamt wäre es vielleicht uncooler, aber erfolgreicher, wenn Sie Ihren Kopf über Lernstoff statt über Kommunikationsstoff senken. Aber alles hat seine Zeit, und Verliebtheit kennt keine Uhr.

2. Zeitmanagement

2.1 Allgemeines Zeitmanagement

Zeit ist ein demokratisch verteiltes Gut. Allerdings sind die Verpflichtungen, das Tempo und die Optimierung ausgesprochen ungleich. Die ideale Nutzung Ihrer Zeit, Ihrer Kraft und das Engagement auf gewinnbringenden Feldern – individuell wie gesellschaftlich – sind die Schlüssel zum Erfolg egal in welcher Hinsicht. Um die Arbeitszeit möglichst intensiv zu nutzen, brauchen Sie einen möglichst weiten Abstand von der Arbeit in den Pausen.

Gesundheit
Priorität hat Ihr Körper und Ihre Bewegung. Bewegen Sie sich mindestens 30 min am Tag. Dieser Ausgleich kostet nicht viel Zeit, ermöglicht aber, dass Sie all das Erlebte verarbeiten und nun wieder Wichtiges von Unwichtigem zu unterscheiden wissen. Außerdem tut es gut und ist gesund.
Dazu kommen gesunde Ernährung und ausreichender Schlaf – und trotzdem ist das Studium die Zeit der Parties, der Tiefkühlpizza und dem Ketchup aus Eimern. Also übertreiben Sie weder in die eine noch in die andere Richtung – oder in beide gleichzeitig. Halten Sie aber die Waage.

Zeitplan im allgemeinen
- Seien Sie fleißig und lassen Sie sich nicht von Rückschlägen aufhalten!
- Planen Sie Zeit für Bewegung und Ausgleich ein.
- Planen Sie Lücken für Unvorhergesehenes ein.
- Planen Sie Zeiträume ein für kreatives, möglicherweise freies Arbeiten ein. Das kann die Lektüre eines Textes einfach so sein (nur aus Interesse) oder das Konzipieren einer Arbeit. Diesen Punkt müssen Sie im

Semester so manchesmal leider streichen. In den
Semesterferien sollten Sie ihn aber berücksichtigen.
- Überfordern Sie sich nicht! Nicht jeden Tag sind Sie in
Bestform! Konzipieren Sie Ihren Zeitplan, so schwer
es Ihnen möglicherweise fallen wird, mit einer Durch-
schnittsleistungskraft. In jedem Fall realistisch!
- Es ist wichtig, dass man strukturiert und diszipliniert
ist und Arbeit plant, allerdings braucht jeder Mensch
auch Pausen. Berücksichtigen Sie das bereits in der
Wochenplanung.
- Grundregel: Wichtiges sollte unbedingt eher erledigt
werden als Dringendes.

2.2 Optimierungsmöglichkeiten für Ihr Zeitmanagement

Hier kennen Sie sich selbst am besten, wie Sie auch für das
Abitur schon vieles von Ihrem Zeitmanagement verbessert
haben. Aber insgesamt ist nicht umsonst „Zeit haben" einer der
größten Wünsche Erwachsener. Im Grundsatz stehen alle Ebenen der Verbesserung auf den drei Säulen 1. der Intensivierung
alles Tuns, 2. der Extensivierung, also der zeitlichen Aus-
dehnung, d.h. Überstunden, und 3. der Optimierung, also dem
Entrümpeln von ineffizienten Tätgkeiten. All das gleichzeitig
erreichen Sie durch Emotion: Lieben Sie, was Sie tun. Dann
können Sie über sich hinauswachsen – und dann ist es die An-
strengungen wert.
Für technische Verbesserungen gibt es viele konkrete Möglichkeiten:
- Richten Sie sich darauf aus, zu welchen Tageszeiten
Sie besonders gut oder besonders schlecht arbeiten
können.
- Führen Sie darüber Buch, wann Sie arbeiten und wann
nicht, damit Sie sich besser kennenlernen. Das muss

nicht über eine internet-angeschlossene Uhr sein, aber irgendeine Übersicht ist hier hilfreich.

- Richten Sie sich eine Stille Stunde am Tag ein, in der Sie ohne irgendeine Störung arbeiten können. Die müssen Sie womöglich in Ihren Kalender eintragen.

- Stöpseln Sie sich an einem Tag in der Woche komplett aus: kein Fon, kein Netz, kein Buch, kein Haushalt, kein Fernsehen, stattdessen nur durchatmen und in die Gegend schauen. Vielleicht steigen Sie auf einen Berg oder gehen an ein Wasser.

- Die Arbeitsformen abzuwechseln, kann Ihre Produktivität und Ihre Motivation erhöhen. Dieser Wechsel kann darin bestehen, das Lesen mit dem Seminar abzuwechseln, eine Arbeitsgruppe mit dem Recherchieren. Auch die Inhalte und die Arbeitsorte können Sie variieren. Wenn Sie allerdings zu denjenigen gehören, die am besten am Stück arbeiten, dann tun Sie auch das und richten Sie Ihren Arbeitstag darauf aus.

- Seien Sie fleißig.

Ex negativo: Ich selbst bin zwar auch mit einem Termin im Nacken zu erstaunlichen Leistungen fähig. Aber trotzdem lügt sich ein arousal procastinator (= jemand, der schwört, unter Druck besonders gut arbeiten zu können) in die Tasche: Ehrlich betrachtet ist der Zeitaufwand, nämlich mit der nachherigen Erholungsbedürftigkeit, der gesundheitliche Schaden durch diese Stressepisode und der dann doch nicht sehr große Spaß in der Zeit, in der man eigentlich am Schreibtisch sitzen sollte, ein solches Arbeiten nicht wert. Hier kommt außerdem der Zeigarnik-Effekt zum Tragen:

- Die Erinnerung an unerledigte und unfertige Arbeit ist präsenter als die an erledigte Aufgaben.

- Viele unerledigte Aufgaben setzen viel unter Stress und müssen alle im Auge behalten werden. Das kostet zuviel Energie und Konzentration.

Selbstreflexion
Beginnen Sie jede Woche von Neuem mit einem Arbeitsplan.
Schauen Sie am Ende jeder Woche durch: Haben Sie Ihre Ziele
erreicht? Warum? Warum nicht? Was? Was nicht? Welche
Optimierungsmöglichkeiten gibt es? Setzen Sie sie um!

Konzentration
Viele Studierende und Nichtstudierende haben z.T. massive
Konzentrationsstörungen. Auch wenn das ein allgemeines
Phänomen ist, sollten Sie Ihre Konzentrationsfähigkeit steigern,
denn sie macht das ganze Leben leichter. Ihre Konzentrationsfähigkeit, so gut wie sie jetzt sein mag, ist in Dauer und Tiefe
ausbaubar. Hier gibt es Übungen und Spiele wie Rückwärts-
buchstabieren, Auswendiglernen oder bestimmte Wörter oder
Buchstabenzählen. Um sich besser zu konzentrieren, greifen
viele schon intuitiv zu den richtigen Mitteln: Schlafen Sie gut
und ausreichend, trinken Sie viel Wasser, treiben Sie Sport und
reduzieren Sie die Sinneseindrücke auf die eine Sache, die Sie
gerade tun.
Für den Augenblick sollte der Raum, in dem Sie sich befinden,
nicht zu kalt und nicht zu warm sein und gut belüftet. Multi-
tasking ist der Konzentration hinderlich. Machen Sie nur eine
Sache zur Zeit. Essen und Trinken stört die Konzentration.
Ebenso Radio hören oder gar Fernsehen. Fon aus. Erproben Sie,
welche Arbeitsatmosphäre Ihnen hilft, welche Motivationstricks
Ihre Leistung steigern. Sinnvoll kann auch ein gelegentlicher
Wechsel des Arbeitsortes sein, und wenn es nur für eine Stunde
ist.
Ihr Ziel ist es, im Flow zu sein, die völlige Konzentration, in der
Sie die Zeit vergessen und zugleich den Überblick behalten. Sie
kommen sehr schnell voran. Die Arbeit ist weder zu komplex
noch zu langweilig, sondern sie macht Spaß. In den Flow
kommen Sie, wenn die aktuelle Anforderung und die aktuelle
Fähigkeit übereinstimmen. Passen Sie sie einander an.

Selbstreflexion
Was kann ich noch verbessern? Was kann ich testweise ändern?

Nicht unterbrechen lassen!

Versuchen Sie, sich bei der Arbeit auch am Computer nicht von all den Möglichkeiten des Internet ablenken zu lassen. Trennen Sie kategorisch das Lesen wissenschaftlicher Texte oder das Lernen oder das Schreiben eines Textes von emails, Spielen oder sozialen Netzwerken! Die Zeit, die Sie nach der Ablenkung brauchen, um in dem beruflichen/ wissenschaftlichen Kontext den Gedankenfaden wieder aufzunehmen, ist vollständig vertane Zeit und hat zurecht ein hohes Frustpotential. Im übrigen gilt das sowohl für eine kleine Arbeitseinheit von unter einer Stunde als auch für ganze Projekte: Tun Sie das, was Sie tun, entschieden und konzentriert.

Prioritäten

Ich sage Ihnen nichts Falsches, wenn Sie erfahren, dass zu viele Menschen ihre Prioritäten nicht ideal setzen. Hier gibt es sicherlich auch für Sie Verbesserungspotential. Noch einmal: Erledigen Sie das Wichtige vor dem Dringenden – so schwer es Ihnen fällt, zumal das Dringendste oft sozusagen am lautesten schreit. Aber: First comes first. Das Wichtigste kommt zuerst. Und vermeiden Sie Situationen, in denen das Dringendste zuerst kommen muss.

Es hat sich eine 1-3-5-Regel bewährt: Zuerst und besonders ausführlich widmen Sie sich der einen dominant wichtigen Sache. Sodann drei ziemlich wichtigen. Am Schluss des Tages haben Sie Zeit für fünf kleine und nicht so wichtige Dinge. Meistenteils gehören mails hierhin. Und obwohl wir das alle wissen, bearbeiten wir alle als erstes am Tag das email-Konto, das uns den ganzen Tag durcheinander wirbelt und uns mit einem

Konglomerat von halbprivaten, völlig unwichtigen, spam- und wichtigen Briefen diejenige Zeit besetzt, in der wir uns am allerbesten konzentrieren können.

Die richtigen Proritäten können Sie nur setzen, wenn Sie sie kennen. Dazu braucht es gute und geübte Selbstreflexion. Und die ist wiederum nur möglich durch genügend immer wieder hergestellten Abstand zu sich, zu Ihrer Arbeit und allem anderen, was Ihnen zunahe kommt.

Selbstreflexion
Nehmen Sie sich jeden Abend, am besten als Tagesabschluss, einen kurzen Moment Zeit und blicken auf den Tag zurück: Mit was habe ich mich beschäftigt? War es das wert? Hätte ich sinnvoller etwas anderes gemacht? Gibt es Verbesserungsmöglichkeiten in der Auswahl oder dem Tempo?

Stress
Zunächst einmal ist Stress nicht dasselbe wie viel Arbeit. „Viel Arbeit" ist relativ, und im Zweifel sind nicht abbaubare Arbeitsstapel ein Dauerzustand bei jedem Menschen unserer mainstream-Kultur und Gegenwart. Stress setzt dann ein, wenn irgendetwas oder irgendjemand uns unter Druck setzt. Die Kunst besteht darin, dem Druck standzuhalten, ihn nicht zu spüren oder ihn abzubauen etc. Am Ende sind das wohlfeile Phrasen: Der Druck ist furchtbar. Und er ist ungesund. Sport ist der Stressabbau schlechthin.

Pausen
Unterbrechungen von der Arbeit und dem Lernen sind genauso wichtig wie die Arbeit und das Lernen selbst, weil sich hier das Gelernte verfestigt, weil es oft genau in den Pausen zu entscheidenden Ideen kommt und weil die Arbeit nach der Pause (wieder) schwungvoll, schnell und erfolgreich von der Hand

geht. Sie sehen die Dinge wieder klarer. Pausen mit möglichst weitem Abstand von Ihrem unterbrochenem Tun ermöglicht Ihnen emotionale Distanz.

Über den Tag verteilt sollten Sie verschiedenen lange und verschieden intensive Pausen machen. Nach zwanzig Minuten ist zumeist eine kleine Konzentrationsdelle. Nehmen Sie einen Schluck zu trinken oder machen Sie ein paar Schritte. Dann weiter. Wenn der Arbeitsschritt o.ä. erfüllt ist oder nach 1-1,5 Stunden machen Sie eine etwas längere Pause. Über den Mittag sollten Sie zwischen einer halben und zwei Stunden Pause haben. Dann können/ sollten Sie etwas essen. Andere Erledigungen wie Einkaufen oder Putzen passen gut hierhin.

Bei der Gestaltung der Pausen gilt grundsätzlich:

- Machen Sie Pausen von der Arbeit (aber nicht Arbeit als Unterbrechung der Pausen).
- Machen Sie in den Pausen etwas, was sich möglichst weit von ihrer Arbeit unterscheidet.
- Wenn Sie also im Sitzen arbeiten, sollten Sie sich in den Pausen bewegen.
- Frische Luft soll da schon so manches Wunder bewirkt haben.

Selbstreflexion
Wie können Sie sich selbst am schnellsten und am intensivsten erholen?

Psychisches Auf und Ab

Neben der Reihenfolge der Arbeitsschritte ist für den Arbeitsprozess damit zu rechnen, dass es Ihnen nicht immer gleich geht und deshalb Ihnen Ihr Arbeiten nicht immer gleich effektiv, kreativ und erfüllend von der Hand geht. Also: Brechen Sie das Projekt nicht ab, nachdem Sie einen schlechten Tag hatten. Denken Sie auch nicht, dass Sie Ihre Arbeit in einem Viertel der geplanten Zeit schaffen, nur weil ein Tag perfekt lief. Was Sie tun können/sollten, um Ihre eigenes Arbeiten weiter zu verbessern:

- Planen Sie psychische oder gesundheitliche Tiefs in Maßen in Ihr Zeitkonzept mit ein, damit nicht alles zusammenstürzt, wenn Sie mal einen Schnupfen haben.

- Versuchen Sie, sich nicht allzu sehr von Ihrer Psyche beeinträchtigen zu lassen: eine professionelle Routine ist das Ziel. Das erreichen Sie, wenn Sie sich selbst beobachten. Und: Es ist „nur" eine Seminararbeit, eine Klausur o.ä. Leider oder zum Glück geht davon die Welt nicht unter und wird auch nicht errettet. Außerdem: Es gibt ein Leben danach – und ein Leben außerhalb der Arbeit.

- Wenn Sie den Eindruck haben, dass Ihnen alles über den Kopf wächst, dann verteilen Sie den großen Berg in viele kleine Haufen. Das können sogar Arbeitseinheiten von 10 Minuten sein. Halten Sie durch.

Zeitgewinn durch Ordnung

1. Ordnung auf dem Schreibtisch: Entrümpeln!
Trennen Sie Wichtiges von Unwichtigem: Gehen Sie alle Papiere auf dem Schreibtisch durch. Was wichtig ist, legen Sie in eine Ablage. Was Sie aufbewahren wollen, aber jetzt nicht benötigen, heften Sie ab. Den Rest werfen Sie weg. Nichts bleibt auf dem Schreibtisch. (Wenn ich jetzt so über meinen Schreibtisch schaue, gilt das auch für Nippes, Stehrumskis und überzählige leere Kaffeebecher)

2. Ordnung im Computer: Entrümpeln!
Auch hier sollten Sie jede Datei dahin ordnen, wohin sie gehört. Legen Sie ein System an, bei dem Sie alles sofort wieder finden. Ändern Sie Ihr System, wenn es nicht mehr passt.

Trennen Sie Wichtiges von Unwichtigem: Dateien, die Sie
partout nicht mehr brauchen, kommen in einen Archivordner,
wenn Sie sich noch nicht trauen, sie zu löschen.

3. Ordnung in der To Do-Liste: Entrümpeln!

- Sortieren Sie Ihre Ablage. Nehmen Sie alle Post-It-
  Zettel vom Bildschirm und den anderen Orten.
  Notieren Sie alle unerledigten Aufgaben in einer
  einzigen (To Do-)Liste.
- Ordnen Sie die Aufgaben nach Wichtigkeit und
  nummerieren Sie sie durch. Diese Aufgaben sollten jeweils äquivalent sein: „Seminararbeit schreiben" gehört nicht auf dieselbe Liste wie „abwaschen".
  Größere Aufgaben zerlegen Sie also besser in Teil-
  schritte. Je nachdem, wie sehr im Augenblick Ihnen
  alles über den Kopf wächst und wie bedrohlich der
  Stapel Sie lähmt, sind sogar 20-Minuten-Schritte
  sinnvoll.
- Bei der Reihenfolge beachten Sie bitte: Wichtiges
  kommt vor Dringendem. Gewichten Sie: 1. Wichtig
  und Dringend. 2. Wichtig, aber nicht dringend. 3.
  Dringend, aber nicht wichtig. 4. Nichtwichtig und
  nicht dringend.

4. Liste abarbeiten

- Arbeiten Sie Ihre Aufgaben ab. Beginnen Sie mit
  denen, die wichtig und dringend sind, und hier mit der
  wichtigsten.
- Sobald diese erledigt sind, überprüfen Sie Ihre Liste:
  Stimmen die Prioritäten noch? Ist in der Zwischenzeit
  etwas dazu gekommen? Wohin gehört das? Das heißt,
  Ihre To-Do-Liste endet mit TOP 1.
- Ordnen Sie am Ende Ihres Arbeitstages die Aufgaben
  für den nächsten Tag und schauen Sie kurz zurück,

was Sie alles geleistet haben. Das haben Sie gut gemacht!

5. Wieder anfangen
Manche Tage sind einfach chaotisch. Und das Leben bricht
immer unvorhergesehen hinein. So kann Ihr Zeitplan komplett
den Bach runter gehen. Keine Panik: Fangen Sie einfach JETZT
wieder an.

Und wenn nichts hilft?
Es gibt unzählige Beratungsbücher, in die Sie hineinschauen
können. Jede Universität bietet außerdem Beratungen und Kurse
zum Zeitmanagement und zu Prüfungsangst etc an.

Eine Studentin schrieb mir zu obigem Text:
„Da für mich als Mutter, Arbeitnehmerin und Studentin Zeitmanagement ‚überlebens-notwendig' ist, sind mir noch ein paar
Dinge eingefallen, die mir persönlich wichtig sind, aber nicht auf
der von Ihnen sehr durchdachten pragmatischen Ebene liegen,
sondern eher auf einer psychologischen: Ich muss wissen,
warum es mir schwer fällt, mich zu organisieren. Meistens hilft
es mir, meine Ziele nochmals zu überprüfen und etwaige
Veränderungen anzupassen, bis hin zu der Feststellung, dass ein
gewähltes Ziel, das ich immer noch zu erreichen versuche, gar
nicht mehr meinen Visionen und Vorstellungen entspricht. Oft
gehört dann Mut dazu, diese Ziele loszulassen, aber es lenkt die
wieder freie Energie in neue, produktive Bahnen und die
Selbstorganisation wird leichter.
Ein weiterer Punkt – gerade im Studium – ist die Frage, ob ich
verschiedene Inhalte überhaupt lernen will. Manchmal findet
sich eine interessantere Alternative, die die Eigeninitiative er-
höht und manchmal muss ich die Zähne zusammenbeißen, kann
aber durch Lerngruppen oder Nachhilfe die blockierte Energie
wieder zum Fließen bringen.

Auch ein Blick von außen – sei es durch eine sehr ehrliche Freundin oder auch einen Coach – kann mich von meiner momentanen Blindheit befreien.

Und zu guter Letzt die Frage: Will ich mich überhaupt verändern/besser organisieren oder steht das fehlende Zeitmanagement für eine Vermeidungsstrategie, für die es noch nicht an der Zeit ist, sie loszulassen. Die Ehrlichkeit mir selbst gegenüber und das bedingungslose und wertungsfreie Annehmen meiner Schwächen hilft mir, auch diese Blockaden zu lösen. Für mich müssen diese Voraussetzungen (und noch mehr) abgeklärt sein, um überhaupt erst mit einem Zeitmanagement erfolgreich zu starten. (Der Weg nach Innen führt auf den Weg nach Außen...) Dann erleichtern auch all die wertvollen Ratschläge und Tipps das Leben."

2.3 Vorlesungszeit

Vorlesungszeit und Nicht-Vorlesungszeit erfordern sehr verschiedene Zeitkonzepte: Verplantsein, kurzfristiges Arbeiten in der Vorlesungszeit und selbst zu planendes und mittelfristiges Arbeiten in der vorlesungsfreien Zeit. Ein Studium ist außerdem eine andere Zeit als die Berufstätigkeit. Auch wenn Sie sich vorkommen wie in einem Korsett der Fremdbestimmung: So viele Freiheiten bei der Zeiteinteilung haben Sie nie mehr. Wenn Sie also eine ganze Nacht tanzen wollen, alle Dummheiten machen, die Ihnen einfallen: Alles das können Sie nicht mehr machen, wenn Sie in Amt und Würden und damit in öffentlich verantwortungsvoller Position sind.

Vorbereitung der Vorlesungszeit
-     Lesen Sie zu jedem Semester einmal Ihre Studien- und Prüfungsordnung! Das mag zwar eine lästige Lektüre sein, ist aber der wichtigste Text, den Sie in Ihrem

ganzen Studium zu Gesicht bekommen. Wenn Sie
nämlich die falschen, zu wenige oder zu viele Lehrveranstaltungen besuchen, kostet Sie das viel Zeit und
womöglich Geld.

- Einen Zeitplan für die Vorlesungszeit machen Sie tun-
lichst vor dem Beginn des Semesters, sonst laufen Sie
den Anforderungen immer hinterher und tun nicht die
Dinge, die Sie tun sollten, sondern die Dinge, die Sie
hätten tun sollen.
- Wieviel Zeit haben Sie überhaupt in der Vorlesungszeit neben den Kindern, dem Job, dem Sport und
Interessen? Ist das machbar?
- Haben Sie nur bestimmte Zeitschienen fürs Studium?
Ist das machbar? Was ist Ihnen was wert (also lieber
weniger Geld und dafür diese tolle Gastreferentin,
lieber auf Sparflamme studieren und dafür dieser tolle
Job oder womöglich auf alles Mögliche verzichten für
diese tollen Partys?)

Stundenplan
- Machen Sie sich einen Stundenplan. Sie können das
auch cooler time-schedule nennen, damit es sich nicht
so nach Schule anhört. Im Unterschied zum Schul-
stundenplan ist der für die Uni klugerweise viel
umfassender: Dahin gehören nicht nur die Lehrveranstaltungen, sondern auch die oben erwähnten Pausen
und Bewegung etc.
- An den meisten Universitäten im deutschsprachigen
Raum müssen Sie sich im Internet lange vor Beginn
des Semesters für die jeweilige Lehrveranstaltung verbindlich anmelden. Das heißt, Sie besorgen sich Informationen über die Lehrveranstaltungen des kom-
menden Semesters über das sogenannte Kommentierte
Vorlesungsverzeichnis und die Institutshomepages

über die Module und Veranstaltungen, die Sie besuchen müssen (Pflicht- und Wahlpflichtbereich).

- In Gesprächen mit anderen Studierenden informieren Sie sich über alles, was Sie besuchen möchten (Wahlpflicht- und Wahlbereich).

- Nun hat jede Lehrveranstaltung Punkte (LPs, CPs oder ECTS oder was es an Namen hierfür gibt). Diese Punkte sind Äquivalente für Arbeitsstunden, die Sie für diese Lehrveranstaltung aufwenden sollen. Zumeist ist 1 CP = 30 Arbeitsstunden (total). Bei einer zweistündigen (= 2 SWS) Lehrveranstaltung ist mit 1 CP damit schon die schiere Anwesenheit abgegolten. Bei einer zweistündigen Lehrveranstaltung mit 2 CP wird erwartet, dass Sie immer da sind, und sich darüber hinaus 2 Stunden lang vor- und nachbereiten.

- Manches Mal sind die veranschlagten Punkte illusorisch, oder die dozierende Person hält sich nicht daran. Trotzdem sind sie eine gute Richtlinie. Das heißt nun Folgendes: Planen Sie diese Vorbereitungszeit mit ein! Reservieren Sie sich einen Zeitraum, in dem Sie die Vorbereitungen für diese Lehrveranstaltung machen. Ich selbst habe es nur selten geschafft, Lehrveranstaltungen auch nachzubereiten, d.h. mir das Gelernte vor der nächsten Sitzung noch mal anzuschauen. Deshalb musste ich so manches mehrfach lernen, was gesamthaft deutlich mehr Zeit gekostet hat, als wenn ich den Stoff doch nachbereitet hätte. Für Sie kommt noch dazu, dass Sie gerade in der BA-Phase viel zu viele Klausuren insbesondere in der letzten Vorlesungswoche schreiben. Um den Druck aus dem Ende der Vorlesungszeit zu nehmen, ist kontinuierliches Arbeit sinnvoll.

- Schaffen Sie sich einen Terminkalender an und tragen Sie dort alle Lehrveranstaltungen ein (sei es analog oder digital).

- Halten Sie sich daran! Die reservierten Vorberei-
tungszeiten sind genauso gesetzt wie die Seminar-
zeiten! Wenn Sie trotzdem bei Ihrer Großmutter den
Rasen mähen, dann schauen Sie sich vorher nach
einem Ersatztermin für die betreffende Vorbereitungszeit um!

Dieses System kann zur Folge haben, dass nun Ihre Zeit völlig
verplant ist (insbesondere wenn noch Fahrtzeiten, Kinder oder
Jobs etc dazukommen). Dann sollten Sie ausmisten und entrümpeln: Was können Sie streichen? Wohlgemerkt streichen,
nicht zusammenstauchen. Und bei Kindern in Ihrer Betreuung
streichen oder stauchen Sie gar nichts. Die Zwerge können
nichts für Ihr Zeitchaos.

- Insgesamt aber ist es tatsächlich viel wichtiger, dass
Sie auch etwas lernen! Wenn der Stoff also wichtig
erscheint, Sie aber die geforderten Arbeitsstunden
schon abgerissen haben, dann hängen Sie weitere Zeit
dran (dieser Spiegelstrich wirbt also de facto dafür,
den Zeitplan über den Haufen zu werfen, wenn es sich
lohnt...)

Die Vorlesungszeit selbst
Verteilen Sie die Belastungen:
- Halten Sie nicht mehrere Referate in derselben Woche.
- Lernen Sie nicht für fünf Klausuren ab der zweitletzten
Woche
- Seien Sie sich bewusst, dass Sie Zeit nur einmal ver-
bringen können: Ist es das wirklich wert, jede Party
mitzunehmen? Wenn es das ist, seien Sie sich bewusst,
wieviel anderes Sie stattdessen dafür bezahlen.

Erfahrungsgemäß passen Studierende in der vierten Semester-
woche ihre Pläne/Ziele und ihr tatsächliches Tun aneinander an.
Auch bei der besten Planung haben sich die Lehrinhalte, der
Arbeitsaufwand, die eigene Leistung, der Job und das Leben

manchmal anders entwickelt. Sie sind dann noch lange nicht gescheitert oder so etwas.

Gehen Sie also klugerweise einmal in der vierten Vorlesungswoche und in der achten, wenn es definitiv auf die Klausuren und mündlichen Prüfungen zugeht, über die Bücher und passen Sie Plan und Realität einander an.

Selbstreflexion
Nehmen Sie sich nach dem Ende des Semesters einen halben Tag Zeit für eine Evaluation des Semesters:
was war erfolgreich? Was nicht?
Was hat Spaß gemacht? Was nicht?
Was wollte ich lernen? Was habe ich gelernt?
Welche Studienleistungen sind offen geblieben?
Welches Verbesserungspotenzial gibt es in den Bereichen Zeit, Energieaufwand, Noten?

2.4 Vorlesungsfreie Zeit

- In einem ruhigen Moment schauen Sie über Ihr Studium: Wie lange wird unter welchen Umständen mein Studium in Anspruch nehmen? In welchem Alter will ich mein Studium abschließen und in welchem mit der Jobsuche beginnen? Ist das Studienfach das richtige für mich?
- Machen Sie eine Planung der Semesterferien: das ist eine vorlesungsfreie Zeit, aber keine Freizeit! In diesen Monaten findet das selbstverantwortete Studium statt. Größere Projekte sind Seminararbeiten, Praktika, (Nachschreibe-)Klausuren, Jobben und möglicherweise Urlaub.
- Neben den großen Projekten sollten Sie nun die Woche und die einzelnen Tage planen. Nehmen Sie das Studium (auch in den Semesterferien) als Analogie zu

einer normalen Arbeit, d.h. Ihre wöchentliche Arbeitszeit für Ihr Studium beträgt 40-50 Stunden pro Woche. Dies ist eine gute Technik, um Prokrastination (= Vertagen) zu verhindern. Und es ist ein gutes Argument, wenn Ihre Familie ständig fragt, was Sie eigentlich den ganzen Tag machen, dass Sie bestimmt faul und Ewigkeitsstudent sind etc.

Selbstreflexion

Nehmen Sie sich gegen Ende der vorlesungsfreien Zeit einen halben Tag Zeit für die Evaluation der letzten Wochen:

Was war erfolgreich? Was nicht?

Was hat Spaß gemacht? Was nicht?

Was wollte ich lernen? Was habe ich gelernt?

Welche Studienleistungen sind offen geblieben?

Welches Verbesserungspotenzial gibt es in den Bereichen Zeit, Energieaufwand, Noten?

3. Techniken für den Wissenserwerb

3.1. Lesetechniken

Die sogenannte digitale Revolution zieht Vervielfältigungen nach sich. Es vervielfältigen sich sowohl die Quellen, aus denen Sie Wissen schöpfen, als auch die Art und Weise, wie Sie Wissen rezipieren. Diese Vervielfältgung zieht es auch nach sich, dass Sie ungleich viel mehr Stoff rezipieren, also wahrnehmen, lesen und verarbeiten müssen als die Studigenerationen zuvor. Deshalb sind Sie darauf angewiesen, möglichst ökonomisch zu arbeiten. Da im Vordergrund Ihres Studiums nach wie vor das Lesen steht, ist es sinnvoll, Lesetechniken möglichst bald möglichst gut zu verbessern.

Querlesen
Es ist sinnvoll, zwischen zwei grundlegenden Arbeitsformen zu unterscheiden.
-   Sie müssen sich in eine Sache vertiefen können.
-   Sie müssen Oberflächen-Rezeption leisten können.
Beide Arbeitsformen brauchen Sie unbedingt. Sie brauchen Information und Wissen, Aufmerksamkeit und Konzentration, Zerstreuung und Muße. Sie müssen lernen, besonders schnell *und* besonders langsam zu lesen.
Dabei ist es ein Irrtum zu denken, Papierbücher und Buchnachschlagewerke seien nur für die vertiefte, E-Books und Sites nur für die Oberflächen-Rezeption geeignet.
-   Der offenbare Unterschied besteht im Tempo, das im Internet wunderbar schnell oder überfordernd zu schnell sein kann. Es kann in der Bibliothek genau richtiges nachvollziehbares oder viel zu langsames Tempo haben.
-   Ein versteckter Unterschied zwischen Bibliothek und Internet ist der Preis, den Sie bezahlen: Einige Teile

der Bibliotheks-Infrastruktur kosten Geld. So gut wie
alle Internet-Infrastrukturen kosten persönliche Daten.
-    In die Bibliothek müssen Sie sich physisch begeben.
Das Internet tragen Sie sogar ins Kino.

Dokumentieren

Es bietet sich an, für jedes Projekt eine Art Tagebuch darüber zu
führen, was Sie schon durchgegangen sind, was ein interessanter
Gedanken ist etc. Die beständige Dokumentation der Wege, die
Sie beschritten haben, mag lästig sein, ist aber notwendig, um
keine Arbeitsschritte doppelt zu machen und um überhaupt
bemerken zu können, wo Sie etwas ausgelassen haben. So eine
„Dokumentationsmappe" kann aber auch eine Kreativquelle
werden, indem Sie bereits Gedachtes noch einmal durchgehen
und daraus neue Ideen schöpfen können.

Verarbeiten

Sehr viele Lernende jeden Alters und Niveaus haben die
Tendenz, Literatur zu horten. Wichtiger ist aber, sie zu erschließen, um das Gelernte wirklich verarbeiten zu können und um
nicht bei jedem Mal, an dem sie den Text noch einmal nachschlagen, alles noch einmal lesen müssen. Mein eigener Stapel
dessen, was ich noch einmal in Ruhe lesen will, „wenn ich mal
Zeit habe", überstiege meine Körpergröße, wenn ich es mir
materiell vor Augen führte. Also reduzieren Sie die
Komplexitäten des aktuell gelesenen Textes JETZT. Später
werden Sie es nicht mehr machen.

Lesen, Markieren und Zusammenfassen

Jeden Text, den Sie lesen, erschließen Sie sich, wenn sie ihn zu Ihrem Text machen. Das erfolgt in zwei Schritten:

1. Dabei heben Sie zumeist im Material (und nicht nur in Ihrem Gedächtnis) das hervor, was Ihnen oder dem Text wichtig ist.

Wenn Sie digital oder analog den Text besitzen, können Sie

- alles markieren, was Ihnen in irgendeiner Weise auffällig ist. Das bietet sich an, wenn Sie sich aus welchen Gründen auch immer noch mehrmals mit dem Text beschäftigen.

- so markieren, dass Sie die wichtigsten Gedanken und Begriffe festhalten und damit letztlich einen Schnelllesedurchgang ermöglichen. Dies ist eine kluge Vorgehensweise bei Lernmaterial.

- mit einem ausgeklügelten System an festen verschiedenen Farben Ihr Exemplar durcharbeiten, z.B. gelb = Wichtiges / rot = sehr Wichtiges / grün = Namen / blau = Jahreszahlen, Literaturhinweise etc. Das bietet sich bei wissenschaftlicher bzw. argumentierender Literatur an.

- den Text nach bestimmten Aspekten markieren (z.B. Metaphern oder Orte). Das bietet sich an, wenn Sie diesen Text analysieren, d.h. als Quelle behandeln.

2. Haben Sie den Text mit Hervorhebungen irgendeiner Art durchgearbeitet, ist es sinnvoll, hier nicht zu stoppen.

Schreiben Sie eine Zusammenfassung von etwa einem Absatz, möglicherweise archivieren Sie die wichtigsten Sätze und Zitate. Nur die Zusammenfassung des Wichtigen reduziert Ihnen Zeit. Das Wichtige können Sie sich in den allermeisten Fällen nur in eigenen Worten aneignen. Diese Zusammenfassung geht weiter als die Sammlung von Stichworten und Schlagworten, die Sie in Literaturdatenbanken füttern. Das ist schwierig und langwierig, je weniger Sie Zusammenfassungen in der Schule eingeübt haben. Mehr Erfahrung schafft ein höheres Tempo und eine bessere Qualität.

Einen Textaussage verstehen Sie am besten, wenn Sie diese Fragen beantworten können:

- Welche Aussage steht schon in der Überschrift?
- Was ist die Fragestellung, die Methode und die These?
- Mit welchen Argumenten wird sie begründet? Oder: wie ist der Text gegliedert?
- Finden Sie das alles plausibel? Was, was nicht und warum?

Fertigen Sie eine Zusammenfassung des Inhaltes in Ihren eigenen Worten an, weil Sie letztlich nur so kontrollieren können, ob Sie den Inhalt wirklich verstanden haben und weil Sie sich nur so den Inhalt gut merken können.

Ausweitung der Quellen

Einer der großen Vorteile der digitalen Revolution ist die Vervielfältigung der Medien. Lernen, Recherchieren und Produzieren von Sinn ist nicht mehr nur an Buchstaben gebunden, sondern schöpft aus Bildern, Tönen, Filmen und Texten. Die Herausforderung, aber auch die große Chance ist es, alle diese Quellen zu nutzen und nicht darin verloren zu gehen.

Und doch steht im Vordergrund der Wissenserarbeitung für eine schriftliche (z.B. Seminararbeit) oder mündliche (z.B. Referat) Verwendung die Bearbeitung des Themas mithilfe der Lektüre von Büchern oder der Rezeption anderer Medien. Dem geschriebenen Wort kommt dabei die größte Autorität und Verlässlichkeit zu.

Lesen Sie die Literatur mit Verstand und benutzen Sie sie auch mit Verstand, dabei kommt dann relativ sicher das heraus, was die Anforderung an Sie ist, nämlich selbständig, kritisch und differenziert mit der Forschung umzugehen. Davon abgesehen ist das eine Übungsfrage: Das Tempo und die Qualität Ihrer Literaturerarbeitung wird sich steigern. Der anfängliche Frust wird sich mit der Zeit in Routine und in einen echten Gewinn für Sie wandeln. Diese Fähigkeiten können Sie für den Rest Ihres Lebens nutzen.

In der ersten Zeit Ihres Studiums empfiehlt es sich, Texte mehrmals zu lesen. Erst nach Jahren der Lektüreerfahrung reicht oft (aber auch dann nicht immer) eine einmalige Lektüre aus.

Letztlich gibt es im Studium der Textwissenschaften drei Sorten von Literatur:

1. Quellen, die Sie zu lesen und zu deuten weiter lernen
2. Grundlagenliteratur, die Sie für Wissenserwerb nutzen
3. Spezialliteratur, die Sie oft nur auf eine bestimmte Frage hin lesen

Quellenlektüre und Quelleninterpretation in Textwissenschaften

„Quellen" heißen diejenigen Texte oder andere Medien, deren Interpretation Gegenstand Ihres Studiums sind. An sie ist alles Forschen immer wieder zurückgebunden, von Ihrem Neuverständnis gehen immer wieder Impulse aus für neues Denken, neue Fragen und neue Antworten. Ihre Interpretation ist nie abgeschlossen – so wie eine Wasserquelle nie versiegt.

Quellen kann man nicht zu oft lesen. Quellen kann man nie zu gut kennen. Wenn Sie also auswählen müssen, ob Sie Quellen („Primärliteratur") oder diese Quellen interpretierenden Literatur („Sekundärliteratur") lesen, entscheiden Sie sich immer für die Quelle!

Bezogen auf Textquellen kann man im groben alle die Schritte, die man z.B. bei der Gedichtinterpretation oder der Interpretation einer Kurzgeschichte im Schulunterricht gelernt hat, anwenden. Sollten Sie hier nur wenig gelernt haben, stellen Sie sich auf Nachholungen, sprich Mehrarbeit ein.

-   Bei Nicht-Gegenwartsquellen lesen Sie den Text mehrmals gründlich in Gegenwartsdeutsch durch. Unterstreichen Sie, machen Sie sich Notizen zu allem, was Ihnen einfällt. Fertigen Sie eine Arbeitsüber-

setzung an. Lesen Sie den Text in der Ausgangs-
sprache mehrmals gründlich durch.

- Vermerken Sie Fragen zur Geschichte, die der Text
  zum Hintergrund hat. Zu einem späteren Zeitpunkt
  kann es hilfreich sein, diesen Fragen nachzugehen.

- Versuchen Sie eine (erste!) Inhaltsangabe in ca. zwei
  Sätzen.

- Machen Sie eine Aufbauanalyse: Wo beginnen neue
  Abschnitte, wie sind sie sprachlich markiert, was
  kennzeichnet Einheiten und Untereinheiten? Läuft der
  Text auf eine Klimax oder Antiklimax hinaus, ist er
  zyklisch oder chiastisch? Überschriften für die einzelnen Abschnitte zu entwerfen, kann hier hilfreich sein.

- Welche sprachlichen Mittel setzt der Text für seine
  Aussagen ein? Welche Wertungen, rhetorische Figuren
  erkennen Sie (bei Texten anderer Zeiten oder Kulturen
  müssen Sie etwas vorsichtig sein, weil hier sprachliche
  Mittel anders funktionieren können als Sie es gewohnt
  sind)? Wie ist der Text komponiert?

- Wer handelt? Wer nicht? Wie sind die einzelnen
  Figuren gezeichnet? Wie ist möglicherweise das Ge-
  schlechterverhältnis?

- Welche Aussagen trifft der Text? An dieser Stelle
  schließen Sie also den Kreis zurück zur Inhaltsangabe,
  Sie haben die Aussage und die Gestalt des Textes jetzt
  aber besser durchschaut. Dieser Schritt ist der schwierigste, weil er auf der gründlichen vorherigen Analyse
  aufbaut und alles Beobachtete integriert. Jetzt müssten
  sich auch die Notizen und Fragen, die Sie notiert
  haben, als sinnvoll erweisen. Andernfalls können Sie
  noch auf einem falschen Pfad sein.

- Markieren Sie verschiedene Ebenen des Textes. Wenn
  Sie hier Farben zuhilfe nehmen, eröffnen sich ganze
  Horizonte, z.B. dass besonders viele Ortsangaben
  stehen oder dass ab der Hälfte des Textes keine

Zeitangaben mehr vorkommen. Das unternehmen Sie am besten in häufigen immer neuen Lesedurchgängen. Im Laufe der Zeit wird der Text immer bunter, aber trotzdem behalten Sie den Überblick, weil Sie sich die vielen Bedeutungsebenen erschlossen haben.

- Ihr bearbeiteter Text – wenn er in Papierfassung ist – sieht am besten mit der Zeit zerfleddert bis zur Unlesbarkeit aus.

Bei nichtmodernen Texten ist je nach Art der Fragestellung oder des Interesses der Wert von Konkordanzen nicht zu unterschätzen. In jedem Fall brauchen Sie ab einem bestimmten Zeitpunkt den historischen Hintergrund und die historische Wirkung Ihres Textes.

Dies ist ein vorwissenschaftliches Verfahren. Textanalysen z.B. nach narratologischen Kriterien werden das Ganze methodisch perfektionieren – und damit auf ein wissenschaftliches Niveau heben.

Im übrigen gilt: Texte sind sehr vielschichtig. Lassen Sie sich also nicht entmutigen, wenn andere etwas anderes herausgearbeitet haben als Sie.

Zusammenfassung:

1. Schaffen Sie sich ein Rhetorikbuch an oder laden Sie sich etwas herunter und schlagen Sie darin nach.
2. Schaffen Sie sich für analytische Vokabeln („Klimax" etc) einen Fremdwörterduden an und schlagen Sie darin nach.

Grundlagenliteratur

Grundlagenliteratur müssen Sie für das Seminargepräch, die Behandlung in der Vorlesung und die Verarbeitung in der Abschlussklausur kennen. Außerdem sind darin die Grundlagen Ihres Studiums niedergelegt. Ihre gute Kenntnis legt sich also nahe.

Bei ihr empfiehlt sich eine Lektüre, die die Haupt- und Nebenaussagen und (möglicherweise) die Argumentation nachvollzieht. Andere Namen dafür sind „Einführungsliteratur" und „Studienliteratur". Diesen Veröffentlichungen ist gemeinsam, dass es sich meistens um Bücher und weniger um Aufsätze oder ähnliches handelt. Sie sind außerdem sehr dicht geschrieben, d.h. ihre Lektüre ist anstrengend und oft sehr gewinnbringend.

Grundlagenliteratur wird Ihnen besonders in Einführungsseminaren empfohlen und dort auch behandelt. Es ist sinnvoll, diese Bücher auch zu kaufen, weil Sie möglichst intensiv damit arbeiten sollten. Lesen Sie Grundlagenliteratur ruhig mehrmals – und in mehreren Semestern.

Ihre Leseerfahrung wird wahrscheinlich sein, dass Sie bei den ersten Lektüren eher wenig verstehen, weil alles sehr komplex ist. Sie werden sehr viel anstreichen und wenig behalten, vieles ist neu (egal wie gut Sie im Abitur waren). Aber irgendwann ist es nicht mehr „alles" und auch nicht mehr „viel". Nach dem x-ten Buch, der x-ten Lektüre oder der x-ten Vorlesung wird, was Sie als unbedingt wichtig, neu und rätselhaft anstreichen, immer weniger werden. Hier meine ich aber mehrere Semester. ProfessorInnen bringen in Vorträgen anderer Wissenschaftler häufig nur noch einen kleinen Notizzettel mit.

Spezialliteratur

Bei spezieller Literatur, die Sie für die Verarbeitung in einem Referat oder einer Seminararbeit lesen, gehen Sie gezielt vor, indem Sie Ihre jeweilige Frage an die Literatur herantragen und sie mit ihrer Hilfe zu beantworten suchen.

Ihre Lektüre ist ausgesprochen zeitintensiv. Ihr Vokabular und die behandelten Fragen sind Ihnen in den ersten Semestern womöglich reichlich unverständlich. Das wird sich aber ändern, je ausdauernder Sie am Ball bleiben. Bei dieser Literatur ist nicht nur ihre Lektüre eine Herausforderung, sondern auch, sie zu finden (dazu s.u.).

Wenn Sie einen Text aus der Bibliothek ausgeliehen oder aus dem Netz geladen haben, lesen Sie ihn einmal quer oder flüchtig und entscheiden Sie, ob Sie ihn kopieren, kaufen oder „nur" lesen. Wenn Sie den Text aus der Bibliothek lesen, sollten Sie mit Unterstreichungen oder Randnotizen sparsam sein. Führen Sie sie immer mit einem Bleistift aus und radieren Sie Ihre Hinterlassenschaften immer wieder aus, bevor Sie das Buch/die Zeitschrift zurückgeben. An der elektronischen Fassung können Sie markieren, was Sie wollen.

Falls Sie in welcher Form auch immer Notizen machen, notieren Sie die bibliographischen Angaben und die jeweilige Seite, auf der sich die Aussage befindet, die Sie hervorhebenswert oder merkenswert finden. Entscheidend ist, dass Sie das, was Sie notieren, auch später noch verstehen und verwenden können. Klug ist es außerdem, wiederfindbar zu notieren, wann, ob, wie oder bis wo Sie einen bestimmten Text gelesen/ durchgearbeitet haben.

Der Eintrag in einem Wörterbuch und ich

Ein Wörterbuch oder eine Datenbank sind nur so informativ, wie die benutzende Person ihre Informationen zu lesen versteht: Lesen Sie einmal Vorwort oder Gebrauchsanleitung. Diese Lektüre wird sich in jedem Fall lohnen. Ein Wörterbucheintrag ist eine besondere Textform, weil sie nach einem bestimmten System von Abkürzungen und Siglen auf kleinstmöglichem Raum möglichst viele Informationen unterbringt. Üben Sie sich in seiner Lektüre, um möglichst viel darin enthaltene Information auch aufnehmen zu können. Und darüberhinaus ist ein Hilfsmittel nur dann eine Hilfe, wenn Sie sich dadurch auch helfen lassen: Schlagen Sie Wörter lieber häufiger als seltener nach.

Der Eintrag in einem Lexikon und ich
Einen Eintrag in einem lexikalischen Nachschlagewerk liest
man, um Überblick über ein Thema zu bekommen. Nehmen Sie
ruhig mehrere Nachschlagewerke zur Hand (oder zur Maus). Sie
dürfen außerdem die Artikel mehrmals lesen: die Inhalte sind
konzentriert. Lexika sind Grundlagen- oder Studienliteratur sehr
ähnlich.

- Fangen Sie mit dem kürzesten an. Das kann ruhig der
  Fremdwörterduden sein.
- Jedes wissenschaftliche Nachschlagewerk ist für Sie
  sinnvoller als jeder wissenschaftliche Artikel oder
  womöglich eine Monographie.
- Je länger ein Eintrag ist (z.B. können Einträge in mehr-
  bändigen Enzyklopädien zwanzig und mehr Seiten
  umfassen), desto stärker sollten Sie auswählen, welche
  Abschnitte Sie lesen. Im Zweifel aber lesen Sie den
  ganzen Artikel. Diese Artikel haben häufig zu Beginn
  eine Inhaltsübersicht.
- Sehen Sie die Literaturliste am Ende durch.
- Ein Artikel in einem Nachschlagewerk deckt alles
  Wichtige zu einem Thema ab. Sie werden viele und
  gute Informationen zu dem Themenbereich finden, den
  Sie brauchen. Das ist sehr hilfreich. Es werden Ihnen
  Bereiche offenbar, die Sie bis jetzt noch nicht kannten
  oder an die Sie noch nicht dachten. Das ist für den
  Erfolg Ihres Lernens absolut notwendig. Sie denken,
  dass Sie das unbedingt auch noch brauchen, verfallen
  womöglich in Panik, weil Ihnen zurecht die Fülle über
  den Kopf wächst. Das ist der Moment, um das Ganze
  zur Seite zu legen und auf diesem Feld eine Pause zu
  machen. Danach wird sich das Ganze wieder besser
  gewichten und kürzen lassen.
- Einträge in Fachlexika werden wissenschaftlich wie
  Aufsätze zitiert, wenn der Verfasser/die Verfasserin
  namentlich genannt ist.

- Falls Sie in welcher Form auch immer Notizen machen, notieren Sie zu Beginn die bibliographischen
Angaben und die jeweilige Seite, auf der sich die Aussage befindet, die Sie hervorhebenswert oder merkenswert finden.

Selbstreflexion

Oft ist das Nachschlagen in einem Wörterbuch oder einem
Lexikon erheblich gewinnbringender als man denkt. Schlagen
Sie Wissen wirklich oft genug nach? Oder schlagen Sie Bei-
läufiges zu oft nach und drücken sich so davor, sich durch eine
harte Nuss zu beißen?

Der Artikel und ich

- Verschaffen Sie sich Überblick über die Kapiteleinteilung bzw. den Aufbau.
- Vielen Artikeln sind abstracts beigefügt. Lesen Sie
diese gründlich und entscheiden Sie dann, ob Sie den
Artikel lesen oder nicht.
- Vertrauen Sie dem abstract nicht blind. Er ist in der
Regel von der Autorenperson selbst verfasst. Sie kann
gut den Artikel mit einem anderen Ziel abgefasst
haben, als Sie ihn jetzt lesen. Außerdem ist der Autor,
die Autorin von der eigenen Argumentation und dem
Erweis der eigenen Hypothesen möglicherweise über-
zeugter als Sie.
- Lesen Sie dasjenige von dem Artikel, was einschlägig
ist.
- Lesen Sie im Zweifel den ganzen Artikel.
- Sehen Sie die Literaturliste am Ende oder die Literaturangaben in den Fußnoten durch.
- Die Argumentationsweise durchschauen Sie möglicherweise am besten, indem Sie sich die Schritte
herausschreiben.

- Falls Sie in welcher Form auch immer Notizen machen, notieren Sie zu Beginn die bibliographischen Angaben und die jeweilige Seite, auf der sich die Aussage befindet, die Sie hervorhebenswert oder merkenswert finden.

Das Buch und ich

- Wenn möglich, lesen Sie zuvor eine Rezension des Buches. Das ist ein Text von ca. 1-4 Seiten, der das Buch, seine Thesen und seine Haupt-argumentationen zusammenfasst und beurteilt.
- Inhaltsverzeichnis, Einleitung, Schluss sind Pflichtlektüre! Daraus können Sie den Inhalt des gesamten Buches, seine Ziele und die Methodik ersehen. Beantwortet das Buch Ihre Fragen?
- Arbeiten Sie nicht unbedingt das ganze Buch durch (lieber 2 halbe als 1 ganzes).
- Arbeiten Sie diejenigen Seiten durch, die sich als wichtig für Ihre Fragestellung herausgestellt haben.
- Stichwortregister und Stellenregister sind Pflichtlektüre! Wenn Sie sie als ganze einmal durchgehen, sehen Sie viel von den Schwerpunkten der Arbeit. Vielleicht fällt Ihnen eine Entsprechung oder womöglich ein Gegensatz zu den behaupteten Schwerpunkten auf.
- Falls Sie in welcher Form auch immer Notizen machen, notieren Sie zu Beginn die bibliographischen Angaben und die jeweilige Seite, auf der sich die Aussage befindet, die Sie hervorhebenswert oder merkenswert finden.

3.2 Lerntechniken

Eigentlich ist jeder Tipp zu Lerntechniken überflüssig, weil Sie durch Ihr Abitur ganz offiziell Ihre Hochschulreife erworben haben. Wenn Sie nicht lernen könnten, hätten Sie kein Abitur. Wenn Sie noch Verbesserungsmöglichkeiten sehen, gibt es eine ganze Bibliohek voll mit speziellen Beratungsbüchern zum Thema Lernen.

Lerntechniken brauchen Sie für den Seminaralltag genauso wie für das Klausurlernen. Und letztlich ist beides dasselbe: Nur bei Klausuren, die Sie selbst völlig unwichtig finden, lohnt sich eine Prüfungsbulimie (Stoff am Tag vorher „reinziehen" und am nächsten Tag in der Klausur wieder ausspucken, der Lernstoff ist raus und damit vergessen). Wenn Ihnen das, was zu lernen ist, irgendwie wichtig ist, sollten Sie für das Langzeitgedächtnis lernen. Zusätzlich kann etwas, was Sie aktuell unwichtig und überflüssig finden, sich in späteren Jahren als prägend herausstellen. Wer allgemeine Prokrastination (Aufschiebung) und Prüfungsbulimie betreibt, gibt einen Wissens-zuwachs für das Feld und das Semester verloren.

Sie können auf zweierlei Weise lernen: Sie können etwas auswendig lernen und Sie können etwas verstehen und es damit lernen. Einmal Verstandenes kann man gut behalten und bildet die Struktur für neues Wissen. Viel wichtiger als beides ist in den Geisteswissenschaften das Erlernen von Vorgehensweisen, also Methoden. Trotzdem ist es ein Gerücht zu denken, in den Geisteswissenschaften müsste man nichts wissen und sich nichts merken. Noch eine schlechte Nachricht: Seien Sie fleißig. Das ist der wichtigste Erfolgsgarant beim Lernen.

Auswendiglernen

Man lernt auswendig, indem man das neue Wissen mit bereits Vorhandenem verbindet, z.B. mit Assoziationen, Gegensätzen, Eselsbrücken, Akroynmen, Merkversen, Melodien, Rhythmus,

Überschriften und Leitbegriffen. Für längere Zusammenhänge ist es z.b. sinnvoll, einen festen Weg abzugehen und an jedem Baum, jedem Haus ein Element dessen abzulegen, was Sie lernen wollen. Diesen Weg schreiten Sie nun mehrmals ab und können ihn fortan in Gedanken abgehen und das Abgelegte aufsagen. Erinnerung heftet sich nicht besonders gut an Worte allein. Es sind Gerüche, Farben, Wärme, also Kontexte der „Texte".

Schauen Sie sich ruhig ab, wie Studierende der Fächer, in denen man viel auswendig lernen muss, arbeiten:

- Zunächst einmal braucht es viel Zeit. Seien Sie also fleißig. Erst im Laufe der Zeit, also nach Jahren der Praxis, geht es schneller.
- Sodann lesen Sie den Stoff mehrmals.
- Strukturieren Sie, was Sie lernen müssen. So ändern Sie bereits optisch eine amorphe Buchstabenmasse in Kleinteiliges und Strukturiertes. Tatsächlich hat Gedächtnis sehr viel von Ordnung.
- Arbeiten Sie mit Farben und Hervorhebungen aller Art.
- Wenn Sie eher akustisch lernen als visuell, nehmen Sie den Lernstoff auf und spielen Sie ihn wieder ab.
- Vielleicht lernen Sie gut, wenn jemand Sie abfragt. Wenn Sie keine Kommilitonen finden, ist das der Moment, Familienangehörige zu aktivieren.
- Einmal wieder: Legen Sie gezielt Pausen ein, schaffen Sie eine konzentrierte Atmosphäre

Schulen Sie Ihr Gedächtnis außerhalb der „Büffelzeit". Ein gutes Gedächtnis ist besser als jede Datenbank – wobei sich beides nicht ausschließt.

Selbstreflexion
Nach einem Lernzeitraum von etwa einem Tag lassen Sie das Vergangene Revue passieren: Was ist Ihnen schwergefallen? Warum? Was ist Ihnen leichtgefallen? Warum? Was sind Verbesserungsmöglichkeiten?

Verstehendes Lernen
Etwas zu lernen, bedeutet, bislang unbekannte Informationen zu ordnen und sie in die eigene Wissensstruktur einzufügen. Dabei wird das, was Sie lernen, reduziert. Es erleichtert, es zu behalten. Um etwas zu verstehen, kann es sinnvoll sein, Zusammenhänge als Skizze darzustellen, zeitliche oder logische Abfolgen herzustellen, Strukturen zu finden, mit möglichst vielen Sinnen zu lernen, Vergleiche anzustellen und all die Lern-Techniken zu nutzen, die Sie aus der Schulzeit kennen oder schleunigst kennen lernen sollten. Dabei ist es einzig gewinnbringend, diese Strukturen selbst zu finden. Geisteswissenschaften sind sogenannte Verstehenswissenschaften. Alles, was Sie lesen und denken, ist also bereits verstehendes Lernen.

Verstehen Sie von Einfach zu Kompliziert. Letzlich ist wohl auch hier eine Hin- und Herbewegung vielversprechend: Reduzieren Sie Ihren „Stoff" auf eine kurze Quintessenz. Dann „pumpen" Sie ihn wieder auf, indem Sie alle einzelnen Elemente der Quintessenz erläutern. Vielleicht war das noch nicht richtig. Versuchen Sie es noch einmal, diesmal mit einer historischen Kette: Welches war die entscheidende Ursache, weche Entwicklungsstufen kamen dazu? Oder geht es um ein Problem, eine Kernfrage?

Selbstreflexion
Nach einem Lernzeitraum von etwa einem Tag lassen Sie das Vergangene Revue passieren: Was ist Ihnen schwergefallen? Warum? Was ist Ihnen leichtgefallen? Warum? Was sind Verbesserungsmöglichkeiten?

Methoden lernen
Methoden lernt man durch ihre Anwendung. Sie verfeinern sich
bei zunehmender Übung. Methoden sind dann wissenschaftlich,
wenn sie konsequent und lückenlos angewendet werden. Hier
können Sie wie nach einem Rezept vorgehen. Die Lücken-
losigkeit und Gründlichkeit sind erheblich wichtiger, als wenn
Sie die Methode auswendig durchführen. An Ihren Gegen-
ständen wissenschaftliche Methoden anzuwenden, gehört zum
Kern Ihres Studiums und Ihrer Wissenschaft.
Allerdings zeigen sie, je konsequenter sie angewendet werden,
umso klarer die Grenzen ihrer Anwendung in geisteswissenschaftlichen Fragen: Dieselben Ergebnisse bekäme man
oft, wenn man mal kurz überlegt hätte (so habe ich tatsächlich
einen langen Doktorandenvortrag auf das Untersuchungs-
ergebnis hin gehört, dass in jedem der untersuch-ten Sätze ein
Prädikat vorkommt).

Selbstreflexion
Beobachten Sie Ihr Arbeiten bei Ihrem Arbeiten: Passt die
Methode zur Frage? Passt die Frage zum Gegenstand? Was passt
nicht? Warum? Müssen Sie die Fragen/ Methoden modifizieren?

3.3 Wissen kopfextern speichern

Ihre Leistungen im Studium – egal wie talentiert Sie sind – verbessern sich, wenn Sie fleißig und diszipliniert sind. Mit den
optimalen Techniken können Sie Ihren Fleiß auch ideal nutzen.
Dabei bezieht sich der Begriff „Technik" nicht unbedingt (nur)
auf elektronische Geräte, sondern vor allem auf Ihre Fertigkeiten
und Ihre Anwendung aller Hilfsmittel. Das Gebiet der
Archivierung und Verwaltung Ihres erworbenen Wissens kann
Sie viel Zeit und Energie kosten – oder ersparen.

Wissen anderer verwenden und Wissen wiederfinden

Grundsätzlich gilt, dass Sie jeden Gedanken, den Sie von jemand anderem aufnehmen, kennzeichnen und belegen müssen. „Belegen" ist die Angabe der Fundstelle dieses Gedankens. Das gilt für Gedanken, die Sie mit eigenen Worten wiedergeben (indirektes Zitieren, s.u.), und Gedanken, die Sie wörtlich zitieren (wörtliches Zitieren, s.u.), aber auch für Ihre Beobachtungen in der Quelle, die Sie bearbeiten (Quellen zitieren, s.u.).

Es ist ratsam, sich ab dem frühestmöglichen Zeitpunkt für ein System zu entscheiden, wie man kennzeichnet, woher man einen Gedanken oder ein Zitat hat, so dass man es auch wiederfindet. So kann Ihnen auf der ersten Textseite dieses Büchleins aufgefallen sein, dass es keinen Beleg für die Bemerkung Platons und für den Begriff „Informationssintflut" von Stanislaw Lem aus dem Jahr 1976 gibt. Diese Zitate sind für wissenschaftliche Verwendung verloren, wenn Sie nicht angeben können, in welchem Buch/site auf welcher Seite ein Leser diesen Text finden kann.

Eine Belegstelle nachträglich zu finden, kann eine ärgerliche Minute dauern. Im Fall von Stanislaw Lem musste ich mir das Buch kaufen, was vier Tage gedauert hat. Die Lektüre nach dem Begriff „Informationssintflut" und seiner Erklärung noch etwas länger.[3]

Der Fall Platons ist schwieriger. Die Bemerkung habe ich aus einem Buch notiert, das die Stelle nur mit „Platon, Politeia", also ungenügend, angegeben hatte. Das gesuchte Zitat lautet auf deutsch:

> „Der Lehrer zittert in einem solchen Zustande vor seinen Zuhörern und schmeichelt ihnen; die Zuhörer aber machen sich nichts aus den Lehrern und so auch aus den Aufsichtspersonen. Und überhaupt stellen sich die Jüngeren den Älteren gleich und treten mit ihnen in die Schranken in Worten und Taten; die Alten aber

---

[3] Stanislaw Lem: Summa technologiae. Frankfurt/M. 1976, S. 632.

setzen sich unter die Jugend und stellen sich ihnen
gleich an Schlagfertigkeit und lustiger Einfälle, damit
es nicht den Anschein erwecke, als seien sie mürrisch
oder herrschsüchtig."[4]

Also beklagt Platon weder Dummheit noch Faulheit, sondern
Respektlosigkeit und im Argumentationszusammenhang die
Depravierung einer Demokratie in eine Tyrannis durch die
Umkehrung der Werte. Der Beleg ist also falsch! Dieser erste
Absatz ließe sich nur mit viel späteren und eigentlich lächer-
lichen Aussagen oder mit dem Hinweis auf die allgemeine Klage
über den Kulturverfall halten. Ich muss den ersten Absatz also
völlig neu formulieren, etwa so:

,Der Umbruch der technischen Wissensspeicherung wirft auch
das Studium der Geisteswissenschaften und in seiner Folge die
Inhalte und Ziele des Studiums überhaupt in einen reißenden
Strom der Veränderungen, der noch keine Konstanten, sozusagen kein festes Ufer sehen lässt.'

Beide Belegstellen für die Zitate zu finden, hat mich also
wertvolle Zeit und sogar die Gestalt meines Textes gekostet.
Also: Wann immer Sie etwas von jemandem notieren, notieren
Sie auch den Beleg und prüfen Sie ihn nach. Je früher Ihnen das
zur Routine wird, umso weniger Belege werden Sie verlieren
und umso weniger reißt Sie „Belegfinden" aus dem Denk-
prozess.

Tipp
Bei Zitaten und Belegen kann man nicht genau genug sein.
Lassen Sie das Notieren des Belegs sich in Fleisch und Blut
übergehen. Je automatisierter Sie hier vorgehen, desto fehler-
freier wird es. Gerade zu Anfang des Studiums ist dieses Vorgehen mühsam und ,nervig'. Aber je eher Sie das lernen, desto
weniger frustig ist das weitere Studium.

---

[4] Platon: Politeia VIII, 563a-b.

Umgang mit verschiedenen Versionen
Die Speichermöglichkeiten moderner Bürokommunikation mittels Computer ist ein Segen. Er wird zum Fluch, wenn Sie mehr als eine „aktuelle" Fassung Ihres jeweiligen Textes haben. Das sind bereits Computerdatei und Ausdruck mit handschriftlichen Änderungen. Bewahren Sie hier Ordnung, sonst stiehlt Ihnen das Chaos nicht nur Überblick, sondern auch Arbeitszeit und möglicherweise schon geleistete Arbeit.

Wann immer Sie einen Text ausdrucken, versehen Sie ihn mit Seitenzahlen, einer identifizierenden Kopfzeile und Datum, damit Sie ein einzelnes umherliegendes, -fliegendes Blatt und auch den gesamte Ausdruck zuordnen können.

Desweiteren sollten Sie bedenken, dass es für alle digitalen Materialien drei Gesetze gibt: 1. Daten sichern, 2. Daten sichern, 3. Daten sichern. Es empfiehlt sich, am Ende eines Arbeitsabschnittes jeder Datei ein Zeitkürzel (in Form von YYMMDD_HHMM) voranzustellen und mit einer KOPIE weiterzuarbeiten. Die älteren Dateien werden aufgehoben, um Änderungen rückholbar zu machen.

Zugleich nehmen Sie sich vor, in regelmäßigen Abständen Ihre Papier und Elektro-Archive zu entrümpeln und sich von überflüssigen Dingen zu trennen. Faustregel ist dabei, im Zweifel die Unterlagen zu behalten.

Literaturverwaltungsprogramme
Unabhängig von dem System ist es wichtig, Ihr Arbeiten zu protokollieren: Was haben Sie gelesen, was stand drin, wo stand das, wie weit haben Sie es gelesen und wie fanden Sie das? Wo ist der Text/ das Dokument jetzt, welche Arbeitsaufträge oder weiterführende Hinweise ergeben sich? Skylla heißt hier, sich nicht „totzudokumentieren", Charybdis heißt, nicht alles doppelt lesen zu müssen, weil Sie nicht ausreichend dokumentieren.

Es gibt Programme, die es Ihnen erleichtern, die von Ihnen bearbeitete Literatur zu verwalten, d.h. nach Stichworten und

Schlagworten durchsuchbar zu machen und zitierfähig zu speichern. Ein Stichwort kommt wörtlich, ein Schlagwort dem Inhalt nach vor. Ihre Universität hat sicherlich einen Vertrag, eine sogenannte Campuslizenz, die es Ihnen erlaubt, diese Programme gratis zu nutzen. Diese Literaturverwaltungsprogramme sind hilfreich, sie nehmen Ihnen viel Arbeit, aber nicht alle, ab, wollen aber auch gepflegt werden. Absolut wichtig ist es, keine Tippfehler an entscheidenden Stellen zu machen, weil die so versteckte Information unrettbar verloren ist.

Ein Konglomerat von WORD-Dateien, die sinnvoll geordnet und nach Stichworten durchgesucht werden, hat mehr Möglichkeiten, Überblick über das Thema zu bekommen und behalten, hat aber ebenfalls so einige Tücken Hier müssen Sie Ihrem eigenen Gedächtnis mehr vertrauen als Literaturverwaltungs-programmen. Und hier müssen Sie selbst (neu) strukturieren – was allerdings Ihrem Überblick hilft. Bei beiden Systemen brauchen Sie gute Schlagworte und Stichworte Ihres Wissens, also leistungsfähige und änderbare Sortierkriterien.

Im groben ist das die Wahl zwischen digitalen Karteikarten und digitalen Aktenordnern, also kleinteiligen und großflächigen Archiven. Überlegen Sie, was für ein systematisches Verzeichnis Ihres Wissens, eine Datenbank, eine Hierarchie von Textverarbeitungsdateien oder womöglich einen Papier-Karteikasten Sie nutzen und brauchen können.

- Prüfen Sie, womit Sie weniger Fehler begehen, was Ihnen weniger überflüssige Arbeit macht und was Ihnen Raum für Kreativität und Ideen lässt.
- Sie sind darauf angewiesen, das angeeignete Wissen zu ordnen.
- Diese Wissensstruktur müssen Sie ausarbeiten, anpassen und pflegen können. Sozusagen muss das System mit Ihnen und Ihrem Wissen mitwachsen.

- Es sollte Ihnen ermöglichen, alle Medien zu enthalten, Hinweismöglichkeiten auf das Vorhandensein und den Ort eines Papiers ebenso wie digitale Notizen oder Filme.

Tipp

Probieren Sie mehrere Literaturverwaltungsprogramme aus. Sie haben unterschiedliche Stärken und Schwächen, so dass sie für Ihre persönlichen Vorlieben und für die Anforderungen in ihrem Fach das geeignetste Programm wählen sollten.

Nötig wird es mit zunehmender Studiendauer und -intensität sein, dass Ihre Literaturverwaltung Ihnen hilft, Hierarchien zwischen Unwichtig, Wichtig, sehr Wichtig und womöglich Bald Wichtig herzustellen.

Zugleich ist es zu Recht unbefriedigend, den lieben langen Tag Datenverwaltungen zu füttern, ohne qualitativen Wissensgewinn zu haben.

3.4 Korrekter Umgang mit fremdem Gedankengut

Neben Grammatik und Rechtschreibung ist es notwendig, auch in anderen Fragen korrekte Texte abzufassen. Das sind besonders Formen des Zitierens und der Nachweise der Entlehnungen (= bibliographische Angaben). Wenn Ihr Text Zitate nicht korrekt ist, ist er nicht verlässlich und damit nicht wissenschaftlich.

Zur Form bibliographischer Angaben ist prinzipiell zu bemerken, dass es kein grundsätzlich falsches oder richtiges System gibt – wohl aber mehr oder weniger praktische Techniken. Suchen Sie sich ein System, bei dem Sie so wenig Fehler wie möglich machen. Klug ist, dass das einmal gewählte System einheitlich für alle Angaben benutzt wird.

Plagiat

Tatsächlich ist das Abdrucken von anderer Leute Gedankengut oder Formulierungen ohne Kennzeichnung ein Plagiat und wird entsprechend bestraft, und zwar je nach Kontext:

- bei Studienprüfungen mit der schlechtesten Note. Zuweilen ist eine Wiederholung der Prüfung untersagt.
- Bei Dissertationen und Habilitationen mit dem Entzug des jeweiligen Titels.

Grundsätzlich sollten Sie sich außerdem klar machen, dass Sie Ihr Studium angefangen haben, um etwas zu lernen und vielleicht auch, um sich selbst zu beweisen, dass Sie viel leisten können: Auch wenn niemand Ihren Betrug bemerkt, in jedem Fall betrügen Sie sich selbst. Das gilt besonders für alles, was Sie im Internet finden.

Versuchen Sie, sooft es geht, das Gelesene in Ihren Worten wiederzugeben. Belegen Sie lieber zu viel als zu wenig. Im Laufe Ihres Studiums werden Sie mehr Sicherheit gewinnen, wann Sie etwas belegen müssen und wann nicht.

Wörtliches Zitieren

Zitieren Sie in Seminararbeiten u.a. nur dann wörtlich, wenn man es nach Ihrer Ansicht nicht treffender ausdrücken kann. Als Richtlinie kann gelten, dass mehr als drei wörtliche Zitate nicht auf einer Seite stehen sollten.

Ein Zitat muss auch ein solches sein! D.h. inhaltlich, dass Sie zitieren, was auch im Sinne des zitierten Textes ist. Verstümmeln Sie seine Aussage nicht. D.h. formal: Wortlaut, Satzbau, Interpunktion müssen ebenso wie Hervorhebungen des zitierten Autors (wie *kursiv*, **fett**, KAPITÄLCHEN, g e s p e r r t e S c h r e i b u n g) übernommen werden. Das gilt auch für eventuelle Abweichungen von der (aktuellen) Orthographie und Interpunktion, also: die Rechtschreibung wird nicht verändert. Tatsächliche Fehler, die man erkannt hat, markiert man mit: [sic]. Wenn Sie etwas auslassen, kennzeichnen Sie diese Stelle mit eckigen Klammern und drei Punkten: [...]. Ebenfalls in eckigen Klammern schreiben Sie zum Verständnis des Zitats wichtige Ergänzungen, z.b.:

> „Der Umfang des Kommentars ist mäßig, weil ich [Bernhard Duhm, U.S.] solche Betrachtungen möglichst vermieden habe, die jeder selbst macht und darum nicht zu lesen wünscht, und weil ich solche Stellen nicht zitiert habe, die kein Mensch nachschlägt."[5]

Weitere Regeln sind:
- Man zitiert ausschließlich aus der originalen Publikation; sollte es sich nicht vermeiden lassen, dass aus einer anderen als der Originalquelle zitiert wird, so ist der Zusatz *Zitiert nach: „xyz"* nötig.
- Ein wörtliches Zitat in einer modernen Sprache kennzeichnen Sie durch „Anführungsstriche".
- Es ist nicht üblich, altsprachliche Zitate in Anführungszeichen zu setzen, wohl aber solche in modernen Sprachen.
- Findet sich innerhalb eines Zitates ein weiteres Zitat, so wird dieses nur in einfache Anführungszeichen gesetzt:

> „Die Frucht ist ausgesogen, da heißt's einfach, grob gesprochen, die Schalen ausspucken. Und da machen Protestanten und amerikanische Christen immer noch wieder einen Aufguß mit diesem Teegrus, der zwei Jahrtausende gezogen hat, Mohammed war auf alle Fälle das Nächste; wie ein Fluß durch ein Urgebirg, bricht er sich durch zu dem einen Gott, mit dem sich so großartig reden läßt jeden Morgen, ohne das

---

[5] Bernhard Duhm, Das Buch Jesaja übersetzt und erklärt. Göttingen 1892 (= HAT III/1), S. IV.

Telefon ‚Christus', in das fortwährend hineingerufen wird: ‚Holla, wer dort?' – und niemand antwortet."[6]

Indirektes Zitieren

Nicht nur wörtliche Zitate, sondern auch Zusammenfassungen fremden geistigen Eigentums in Ihren eigenen Worten, müssen Sie belegen. Die indirekte Wiedergabe der Inhalte erfolgt entweder im Konjunktiv oder mit Kennzeichnung, dass, ab wo und bis wo Sie den Inhalt von jemand anderem wiedergeben („Die Gnadenformel findet sich an vielen Stellen. Im folgenden gebe ich die Ergebnisse von Ruth Scoralick wieder.[7]"). Greifen Sie auf Konjunktiv nur bis zu einer Länge von etwa drei Sätzen zurück. Darüber ist das Lesen (und auch das Schreiben) mühsam. Indirektes Zitieren nutzen Sie immer dann, wenn Sie Arbeiten und Ergebnisse anderer referieren.

Verbreitet, aber letztlich eine Unsitte, ist das name-dropping: „Der Dekonstruktivismus (Derrida) hinterfragt den Text."

Quellen zitieren

Stellen zu dem, was Sie interpretieren, geben Sie am besten in einer Klammer im laufenden Text an. Das funktioniert zumeist in einem Kurzsystem, z.B. „(v. 1832)". Die Ausgabe geben Sie nur bei der ersten Nennung an: „Für die Analyse von Wolframs Parzival habe ich die Ausgabe von Nellmann benutzt. [Fußnote: Wolfram von Eschenbach: Parzival. 2 Bde. Hg. von Eberhard Nellmann. Übersetzt von Dieter Kühn. Frankfurt a.M. 1994.]" Diese Ausgabe nennen Sie dann noch einmal im Quellenverzeichnis.

---

[6] Rainer Maria Rilke, Brief an Maria von Thurn und Taxis, 17. Dez 1912. In: Eva Söllner (Hg.): Rilke in Spanien, Frankfurt/M. – Leipzig 1993, S. 55f.

[7] Scoralick, Ruth: Gottes Güte und Gottes Zorn. Die Gottesprädikationen in Exodus 34,6f und ihre intertextuellen Beziehungen zum Zwölfprophetenbuch. Freiburg 2002 (= HBS 33).

Antike Texte zitieren

Lateinische Zitate werden *kursiv* wiedergegeben, griechische inklusive der Akzente und Spiritus in griechischer Schrift. Bei antiken Texten geben Sie nicht die Seitenzahl der vorliegenden Ausgabe an, sondern den entsprechenden Abschnitt. Die Einteilung antiker Quellen in z.B. Buch, Kapitel, Abschnitt ist in der Regel standardisiert. Maßgeblich ist immer die Angabe in der kritischen Ausgabe, nie in der Übersetzung. Was eine kritische Ausgabe ist, wie Sie sie erkennen und konkret zitieren, lernen Sie in dem zugehörigen Seminar.

Natürlich können Sie auch eine Übersetzung zitieren. Nennen Sie diese Übersetzung dann aber unbedingt in der Fußnote (und dann im Quellenverzeichnis). Wie und warum Sie kritisch mit Übersetzungen umgehen sollten, werden Sie auch in den zugehörigen Seminaren lernen.

Bibel zitieren

Bibeltexte zitieren Sie nach der Stelle. Absolut niemals geben Sie die Seite in der Bibel an! Die korrekte Abkürzung des jeweiligen biblischen Buches finden Sie in der Bibelausgabe, die Sie in der Hand oder auf dem Bildschirm haben. Die Angaben werden im deutschen Sprachraum folgendermaßen abgetrennt:

- Kapitel; Kapitel. Gen 2;3 bezeichnet das Buch Genesis, Kapitel 2 und 3.
- Kapitel, Vers. Num 31,34 bezeichnet das Buch Numeri, Kapitel 31, Vers 34.
- Vers.Vers. Lev 19,18.33 bezeichnet das Buch Leviticus, Kapitel 19, Vers 18 und Vers 33.

Die Angabe Ex 20,1-17; Dtn 5,6-21 zählt also auf: das Buch Exodus, Kapitel 20, Verse 1-17 und das Buch Deuteronomium, Kapitel 5, Verse 6-21.

Im Literaturverzeichnis geben Sie die benutzte Bibelausgabe oder -übersetzung an. Überlegen Sie, ob Sie konsequent Leerzeichen zwischen den Satzzeichen und den Zahlen (19,18 oder 19, 18) setzen oder nicht.

Aus Sprachen mit anderen Schriften zitieren
Insbesondere bei Zitaten anderer Schriften schleichen sich oft Fehler ein. Diese Fehler können von Ihnen selbst gemacht oder durch die Rechtschreibkorrektur Ihrer Textverarbeitung automatisiert sein (das lässt sich anders einstellen, kennen Sie Ihre Textverarbeitung, s.o.). Seien Sie hier besonders sorgsam, damit gar nicht erst der Eindruck entsteht, es sei gar kein Versehen, sondern Sie könnten die Sprache nicht.
Die Umkehrung der Schriftrichtung in Zitaten z.B. aus semitischen oder persischen Sprachen stellt so manches Textverarbeitungsprogramm vor unüberwindliche Schwierigkeiten. So ist folgendes ratsam:
- Schreiben Sie einzelne Wörter oder Wortfolgen ohne Vokal- und Satzzeichen.
- Setzen Sie ganze Sätze ab, also als neue Zeile. So können Sie fehlerminimiert und nervenschonend Vokal- und Satzzeichen drinlassen und aus einer Computerfassung herauskopieren. Sodann sollten Sie das Kopierte überprüfen: Ist es der richtige Satz? Sind alle Worte in der richtigen Reihenfolge drin? Stimmt auch ansonsten alles? Bitte löschen Sie Versangaben und Anmerkungen der kopierten Ausgabe. Übernehmen Sie die Interpunktion, weil sich sonst möglicherweise die Vokalzeichen ändern. Die Ausgabe des zitierten Textes gehört natürlich in das Literaturverzeichnis.
- Bevor Sie Ihren Gesamttext abgeben oder das Referat halten, sollten Sie noch einmal über den zitierten Text gehen: Ist noch alles richtig oder ist aus welchem Grund auch immer irgendetwas zersägt?
- Vorsicht bei Powerpoint und Beamerpräsentationen, insbesondere wenn Sie mit einem anderen Computer

arbeiten: Oftmals funktioniert hier Ihr Font nicht. Grundsätzlich gilt: Man hat immer eine PDF-Version auf dem USB-Stick mit, die man verlässlich zeigen kann, falls das Präsentationsprogramm nicht mitmacht.

Poetische Texte zitieren

Ein Gedicht zitieren Sie am besten in der äußeren Form, die es hat. Wenn Ihnen das nicht möglich ist, kennzeichnen Sie den Verswechsel mit einem Virgel (/) und den Strophenwechsel mit einem Doppelvirgel (//)

Ältere Zitiersysteme

Besonders in älteren Papierveröffentlichungen, nicht unbedingt in der digitalen Welt, gibt es ein Abkürzungssystem, das sich zu kennen lohnt. Zumeist befindet es sich innerhalb der Fußnoten.

- Die Abkürzung **ebd.** (= ebenda) oder **ibd.** (= *ibidem*) wird verwendet, wenn in einer Anmerkung auf exakt dieselbe Seite eines Werkes wie in der vorhergehenden verwiesen wird.

- **A.a.O.** (= Am angegebenen Ort) oder **l.c.** (= *loco citato*) wird benutzt, wenn zwar auf dasselbe Werk, nicht aber dieselbe Seite verwiesen ist. Das muss sich leider nicht auf die vorhergehende, sondern nur auf *eine* vorhergehende Fußnote beziehen. Langes frustrierendes Suchen kann die Folge sein.

- **Vgl.** (= Vergleiche) wird von einigen AutorInnen benutzt als Zeichen dafür, dass das Obige indirekt zitiert ist.

- **S.** (= Siehe) verweist auf ebenfalls darauf, dass oben auf der Seite jemand wiedergegeben wird.

Ich selbst verzichte inzwischen auf diese Abkürzungen, weil sie eine zu große Fehlerquelle sind, z.B. wenn ich aus einer eigenen Datei per copy&paste ein Zitat in eine andere Datei kopiere und dann als Angabe „A.a.O., S. 23" finde. Dieses Zitat ist verloren, weil der Beleg verloren ist. So ist mein Zitieren unelegant, aber wenigstens fehlerfrei, wenn womöglich drei Fußnoten hintereinander heißen „Faber, Der Collage-Essay, S. 23."

Zitate aus dem Internet

Für den gesamten Bereich des Internet gibt es den allgemeinen Usus einerseits und die Korrektheit andererseits. Tatsächlich muss etwas, was man zitiert, auch vorhanden sein. Das ist steng genommen bei Dateien nicht der Fall. Vollends sind links flüchtig. Nach wenigen Jahren ist nur noch ein Bruchteil der links überhaupt vorhanden. Auch Permalinks sind nicht permanent. Pdfs können bearbeitet werden, sie simulieren nur ein geordnetes Seitenlayout.

Der allgemeine derzeitige Usus aber suggeriert das Gegenteil. Kaum eine wissenschaftlich tätige Person arbeitet noch ausschließlich mit Papier als Speichermedium von Wissen, sondern hat es zu großen Teilen mit verstromten Texten zu tun. Andere flüchtige Medien kommen hinzu. So fassen die bisherigen Sätze zu Zitaten aus dem Internet einen Radiobeitrag von Florian Felix Weyh über Quellengewissheit zusammen (gesendet am 18.2.2018 im Deutschlandfunk) – was Sie mir wegen der Nichtnachprüfbarkeit nur glauben, aber nicht kontrollieren können. Ihm verdanke ich auch die präzise Formulierung von der „Verstromung der Texte" und den Ausdruck „Nachbuchgeborene" für die sogenannten digital natives, also Sie, liebeR LeserIn. Also: Wenn Sie wissenschaftlich wirklich redlich sein wollen (und redlicher als ich oder Ihre Dozierenden), dann zitieren Sie ausschließlich aus Papierveröffentlichungen.

Und doch gibt es noch einen Unterschied zwischen pdfs, DOIs einerseits und Blogs und homepages andererseits: Auch wenn die inhaltliche Zuverlässigkeit und Seriosität von Internet-Wissensdatenbanken wie wikipedia insgesamt sehr zugenommen hat, ist es ratsam, sich hier (nur) zu informieren und es nicht, besonders nicht exzessiv, zu zitieren, weil die Einträge schnell verändert werden. Was also ein großer Vorteil für die Wissensdatenbank von wikipedia ist, die Aktualität, wird für seine wissenschafliche Zitierbarkeit zum Problem. Da hilft es auch nicht, wenn Sie, wie für Internetquellen üblich, das Zugriffsdatum nennen: Ihre Entlehnung ist einfach nicht mehr nachprüfbar.

Das Fußnotenzeichen im Text

- Bezieht sich die Fußnote auf die gesamte vorherige Aussage, dann steht das Fußnotenzeichen hinter dem Satzzeichen, mit dem diese Aussage endet.
- Bezieht sich die Fußnote auf einen einzelnen Begriff, steht das Fußnotenzeichen im Text direkt hinter diesem Wort.
- In den meisten Textverarbeitungsprogrammen ist die Setzung der Fußnotenzeichen korrekt automatisiert, d.h. sie sind hochgestellt und mit arabischen Zahlen durchnummeriert.

Fußnoten

Fußnoten dienen dem Zweck, den laufenden Text von allem zu entlasten, was den Gedankengang unterbricht, aber trotzdem mitgeteilt werden soll. Das sind Belege für die Zitate und Entlehnungen (indirekte Zitate oder Zusammenfassungen von Literatur). Sie können auch Gedanken formulieren, die den Argumentationsgang des Haupttextes erhellen, ihn aber unterbrechen würden. Dabei muss sich der Text erschließen, wenn man die Fußnoten nicht mitliest.

Die meisten Formalia der Fußnoten sind durch Textverarbeitungsprogramme automatisiert:

- Die Fußnoten heißen so, weil sie unter dem Text an den Fuß der Seite gestellt sind. Sie werden durchgezählt und zumeist durch einen Strich vom Haupttext getrennt.

- Es gibt auch Endnoten, sie stehen, wie auch dieser Name sagt, ganz am Ende des Textes. Das gibt es vor allem in amerikanischen Veröffentlichungen. In deutscher Sprache sind Fußnoten vorherrschend.

Selbst müssen Sie für Folgendes sorgen:

- Jede Fußnote wird als eigener Satz verstanden, und beginnt daher mit einem großgeschriebenen Wort und endet mit einem Punkt oder einem anderen schließenden Satzzeichen.

- Am einfachsten benutzen Sie in den Anmerkungen durchgehend das Schema Nachname, Kurztitel, Seitenzahl. Wählen Sie die Kurztitel prägnant, so dass der Leser sie schnell im Literaturverzeichnis (s.u.) wieder finden kann. Notieren Sie sich, welchen Kurztitel Sie benutzen, damit Sie nicht aus Versehen verschiedene Kurztitel für dieselbe Veröffentlichung (oder dieselben Kurztitel für verschiedene Veröffentlichungen) haben. Auch das Schema Nachname, Veröffentlichungsjahr, Seitenzahl, hat seine Tücken. Sie glauben kaum, wieviele Wissenschaftler mehrere Titel zu einem Thema innerhalb desselben Jahres veröffentlichen. Wenn Sie dieses System benutzen, sieht auch der Eintrag im Literaturverzeichnis anders aus (s.u.).

- Je nach Studienfach werden andere Systeme benutzt, das erfahren Sie in den Einführungsveranstaltungen.

Auch oder gerade bei den Fußnoten ist es ratsam, sich gleich zu Anfang für ein bestimmtes Modell zu entscheiden und es einzuüben.

Zitiersystem im Literaturverzeichnis

Das Literaturverzeichnis gibt vollständig Auskunft über die in der Arbeit/ dem Referat zitierte und für die Arbeit/ das Referat gelesene Literatur. Es wird in der Regel nach Quellentexten, Hilfsmitteln und Sekundärliteratur gegliedert und dann alphabetisch geordnet. Hier gibt es grundsätzlich und je nach Fach verschiedene Zitiersysteme. Aber alle Systeme teilen zwei Eigenschaften: 1. Die Angaben müssen vollständig sein und 2. Die Angaben müssen in sich einheitlich strukturiert sein. Zitieren Sie stets nach der neuesten erreichbaren Auflage. Im folgenden wird ein Modell in Grundzügen aufgeführt.

1. Quellen

Hier nennen Sie diejenigen Texte, die Gegenstand Ihrer Untersuchung waren, und zwar nach der (wissenschaftlichen) Ausgabe. Quellen werden auch „Primärliteratur" genannt.

> Beispiel: Die Bibel. Nach der Übersetzung Martin Luthers. Stuttgart 1987.

2. Hilfsmittel

Das sind Nachschlagewerke wie z.B. Lexika, Grammatiken, Wörterbücher. Nichtwissenschaftliche Hilfsmittel, z.B. der Duden, werden nicht genannt. Wenn aber die Einträge (besonders in mehrbändigen Nachschlagewerken) mit Namen gekennzeichnet sind, gelten sie als eigenständige wissen–schaftliche Veröffentlichung des Autors und werden jeweils als Sekundärliteratur aufgeführt.

Es ist nicht immer nötig, dass Sie das jeweilige Hilfsmittel auch in den Fußnoten nennen. Wenn Sie es benutzt haben, aber nicht als Beleg in einer Argumentation anführen, nennen Sie es trotzdem im Hilfsmittelverzeichnis.

Achten Sie außerdem darauf, dass es bei Nachschlagewerken häufig keine Seitenangaben, sondern Spalten gibt. Es heißt also nicht „S. 34", sondern „Sp. 34".

Herausgebername, Vorname: Titel. Untertitel. Auflage Erscheinungsort Jahr.
bzw.
Autorenname, Vorname: Titel. Untertitel. Auflage. Erscheinungsort Jahr.

Beispiel: Röhrich, Lutz: Lexikon der sprichwörtlichen Redens-
arten. 5. Aufl. Freiburg i.Br. 2001.

3. Sekundärliteratur

Das ist das Verzeichnis derjenigen Literatur, die Sie für Ihre
Forschung zurate gezogen haben.
Die einzelnen Titel werden nach den Nachnamen alphabetisch
sortiert aufgeführt. Das stellt sich schnell schwieriger heraus als
es zunächst scheint.

Je nach Gestalt der Veröffentlichung gibt es unterschiedliche
Formen der Angaben:

Monographie
Name, Vorname: Titel. Untertitel. Auflage. Erscheinungsort Jahr
(= Reihe Bandnummer).

Beispiel: Faber, Richard: Der Collage-Essay. Eine wissenschaftliche Darstellungsform. Hommage à Walter Benjamin.
Hildesheim 1979.

Zum Namen: Einige Wissenschaftlerinnen aus den USA tragen
zwei Nachnamen. So gibt es z.B. Adela Yarbro **Collins** und
Hillary Rodham **Clinton**, allerdings Elisabeth **Schüssler**
Fiorenza. Hier ist der CIP-Eintrag einer Monographie doch

hoffentlich fehlerfrei, Datenbanken oft nicht. Zeitschriften haben zumeist eine Kennzeichnung des Nachnamens.

Ähnlich liegt der Fall bei allen Präfixen. „Von" wird hinter den Namen geordnet (Goethe, Johann Wolfgang von), „van" davor (Van Damme, Jean-Claude), „de" dahinter (Rays, Gilles de, aber D'Israeli, Isaac). In den meisten Fällen ist der Usus der Sprache, der der Name entstammt, der Schlüssel zum Gebrauch der zusammengesetzten Familiennamen.

Lateinische und griechische Autoren werden nach ihrem bekannteren Namensteil eingeordnet (Cicero, Marcus Tullius), mittelalterliche nach ihrem ‚Vornamen' (Wolfram von Eschenbach).

Die einzelnen Fächer haben unterschiedlichen Usus bei der Abkürzung oder dem Ausschreiben des Vornamens. Erfahrungsgemäß ist das grundsätzliche Ausschreiben sinnvoller, weil die Tür zu Teufels Küche weit offen steht, wenn Sie zwei verschiedene Autoren namens „A. Müller" zitieren.

Akademische Titel oder Berufsbezeichnungen werden nicht genannt.

Bei bis zu drei AutorInnen (und entsprechend unten bei mehreren HerausgeberInnen) gibt es verschiedene Möglichkeiten der Angabe. Am besten eignet sich diese:
Autorname 1, Autorvorname 1, Autorvorname 2 Autorname 2: Titel. Untertitel. Auflage. Erscheinungsort Jahr (= Reihe Bandnummer).

> Beispiel: Horkheimer, Max, Theodor W. Adorno: Dialektik der Aufklärung. Philosophische Fragmente. Frankfurt/M. 1983 (= Gesammelte Schriften 3).

Also: Die auf dem Titelblatt erstgenannte Autorenperson wird zuerst genannt und gibt die Stelle in der alphabetischen Reihenfolge der Monographien vor. Die zweite Autorenperson wird mit Vor- und Zunamen genannt. Ebenso alle folgenden.

Bei anderen Systemen können Fehler auftreten:

- Alle AutorInnen mit Nachname, Vorname: Hier kommt man sehr leicht mit den vielen Kommas und den vielen Namen durcheinander, insbesondere wenn jemand einen Nachnamen trägt, der anderer Leute Vorname ist, z.b. Walter Dietrich, oder wenn jemand zwei Vornamen hat, z.b. Stefan Ark Nitsche.
- Alle AutorInnen mit Schrägstrich abtrennen: Macht man vor und/oder nach dem Schrägstrich ein Leerzeichen? Kein Leerzeichen dehnt die Zeile über die Maßen. Und dieses System bietet sich als Zuflucht für viele Fehler an!

Bei vier und mehr AutorInnen (und HerausgeberInnen) wird nur der erste Name genannt: „Treibel, Annette u.a." oder vornehmer „ Treibel, Annette et al.".

Zum Erscheinungsort: Verwechseln Sie bitte nicht den Druckort mit dem Erscheinungsort (= Ort, an dem der Verlag ansässig ist). Mehrere Verlagssitze, also Erscheinungsorte werden mit Gedankenstrich abgetrennt (Stuttgart – Berlin – Köln). Zu den Schrägstrichen und ihren Fehlerquellen s.o.

Der Verlag selbst wird nicht in allen Fächern genannt (so z.B. in der Anglistik, nicht aber in der Germanistik).

Zur Auflage: Die Auflagenzahl einer unveränderten Auflage wird hochgestellt. Allerdings ist es auch nicht schlimm, wenn Sie stattdessen „3. Aufl." schreiben. Das bietet sich vor allem dann an, wenn Sie an verschiedenen Computern arbeiten, weil die Gefahr besteht, dass aus einem „^{2}2011" ein „22011" wird. Hier gilt, was immer gilt: Egal, welches System Sie benutzen, machen Sie es durchgängig gleich!

Die Auflagenzahl einer irgendwie veränderten Auflage wird unbedingt genannt! Das ist wichtig für die Seitenzahlen und auch für die Inhalte, die in veränderten Folgeauflagen möglicherweise anders sind. Dafür gibt es ein relativ ausgeklügeltes Abkürzungssystem, das, vor allem passiv zu kennen, für Sie wichtig ist.

Abkürzungen sind:
- „erw." = erweiterte (Auflage)
- „verb." = verbesserte (Auflage)
- „überarb." = überarbeitete (Auflage)
- „gek." = gekürzte (Auflage)
- „erh." = erheblich
- „eingel." = eingeleitet
- „durchges." = durchgesehen

Um was für eine Veränderung es sich handelt, erfährt man ausgeschrieben auf dem Titelblatt und dem CIP-Eintrag auf S. 2 des Buches, aber nur in Abkürzungen in Bibliotheksdatenbanken. Mehrere Auflagen können Bücher und Lexika haben, Zeitschriften nicht.

<u>Zur Reihe</u>: Wissenschaftliche Bücher sind häufig Teil einer Veröffentlichungsreihe eines Verlags. Diese Reihe gehört zur Identifizierung des Buches dazu. Verwechseln Sie sie nicht mit dem Titel, auch wenn der Reihenname oft groß auf dem Umschlag des Buches abgedruckt ist. Fachspezifische Abkürzungen sind für Ihr Studium und wohl auch danach sehr wichtig, weil es z.B. in der Universitäts-Theologie klar ist, was die JSOT ist, die Auflösung aber ist umso schwieriger. Heißt es „Journal for the Study of the Old Testament" oder „Journal of ..."? Ähnlich ist es mit den beiden germanistischen Zeitschriften „Deutschunterricht" und „Der Deutschunterricht".

Wo Sie ein entsprechendes Verzeichnis/ Datenbank finden, werden Sie in einer der Einführungsveranstaltungen und Proseminare erfahren. Trotzdem ist es keine Schande, bei einer Ihnen unbekannten Abkürzung nach einer Auflösung zu fragen. Google kann, muss aber nicht, hier eine Hilfe sein.

Einige Abkürzungen von Veröffentlichungsreihen oder Zeitschriften finden sich nicht in diesen Verzeichnissen/ Datenbanken (das ist oft bei feministischen Veröffentlichungen der

Fall). Dann verwenden Sie diese Abkürzung und nennen die Auflösung in einem eigenen Abkürzungsverzeichnis vor dem Literaturverzeichnis Ihrer Seminararbeit.

Referatshandouts haben in der Regel keinen Bedarf und keinen Platz für ein Abkürzungsverzeichnis.

Aufsatz in einem Sammelband

Name, Vorname: Titel. Untertitel. In: Herausgebervorname Herausgebername (Hg.): Titel des Sammelbandes. Untertitel des Sammelbandes (= Reihe Bandnummer). Auflage. Erscheinungsort Jahr, Seitenangabe[erste Seite]-Seitenangabe[letzte Seite].

> Beispiel: Spivak, Gayatri: Can the Subaltern Speak? In: Lawrence Grossberg, Cary Nelson (Hg.), Marxism and the Interpretation of Culture. Illinois 1988, S. 271-313.

<u>Zum Herausgeber:</u> Bücher, die Aufsätze verschiedener Personen enthalten, liegen meistens in der Verantwortung eines Herausgebers, einer Herausgeberin. Es gibt den Usus, bei zwei und mehr HerausgeberInnen nicht „Hg."/ „Hrsg." zu schreiben, sondern „Hgg."/ „Hrsgg." Mit der Verdoppelung des letzten Buchstaben wird der Plural angezeigt. Entscheiden Sie sich *jetzt* für eine der beiden Möglichkeiten und behalten Sie sie Ihr Leben lang bei.

Bei mehreren Herausgebern oder Autoren kann übrigens eine kompetente Prüferperson sehen, ob Sie die Angabe aus einer Datenbank kopiert haben oder das Buch selbst in der Hand hatten und womöglich Datenbank und Buch abgeglichen haben: Datenbanken nennen oft nur die erste Herausgeber- oder Autorenperson. Richtig ist/wäre aber, bis zu drei alle zu nennen, die auf dem Titel stehen.

<u>Zur Seite:</u> Bei keiner Seitenangabe wird das Zeichen „+" verwendet. Es ist entweder „S. 34-35" oder „S. 34f". Das „f"

steht das für „folgende". Verwenden Sie nicht „ff" (= mehr als die folgende, s.o.), weil dabei der Seitenbereich nicht genau angegeben wird.

Aufsatz in einem Sammelband – die Festschrift
Eine Festschrift ist eine Aufsatzsammlung von Freunden und Schülern eines Wissenschaftlers oder einer Wissenschaftlerin aus Anlass eines runden Geburtstags.

Name, Vorname: Titel. Untertitel. In: Herausgebervorname Herausgebername (Hg.): Titel des Sammelbandes. Untertitel des Sammelbandes. FS Vorname Name. Erscheinungsort Jahr (= Reihe Bandnummer), Seitenangabe[erste Seite]-Seitenangabe [letzte Seite].

Beispiel: Rädle, Fidel: Otfrids Brief an Liutbert. In: Ernst-Joachim Schmidt: Kritische Bewahrung. Beiträge zur deutschen Philologie. FS Werner Schröder. Berlin 1974, S. 213-240.

Aufsatz in einer Zeitschrift
Name, Vorname: Titel. Untertitel. In: Zeitschriftenname Bandnummer (Erscheinungsjahr) Seitenangabe[erste Seite]-Seitenangabe [letzte Seite].

Beispiel: Laermann, Klaus: Lacancan und Derridada. Über die Frankolatrie in den Geisteswissenschaften. In: Kursbuch 84 (1986) 34-43.

Die Namen von wissenschaftlichen Zeitschriften werden wie auch Veröffentlichungsreihen in aller Regel abgekürzt. Wo Sie ein entsprechendes Verzeichnis/ Datenbank finden, werden Sie in einer der Einführungsveranstaltungen und Proseminare erfahren. Bitte beachten Sie, dass bei einer Zeitschrift weder der Erscheinungsort noch der Herausgeber genannt wird.

Zur Bandnummer: In den allermeisten Fällen hat der gesamte Jahrgang einer Zeitschrift eine einzige Bandnummer pro Jahr. Die Seiten werden in den einzelnen Heften des Jahrgangs durchnummeriert. Nur wenn das nicht der Fall ist, geben Sie bitte auch die Heftnummer an, um die Angabe eindeutig zu machen, z.B. 84/1 (1986) 34-43.

Lexikonartikel
Name, Vorname: Titel. In: Lexikonname[Auflage] Bandnummer (Erscheinungsjahr) Seiten-/Spaltenangabe[erste Seite]-Seiten-/Spaltenangabe[letzte Seite].

> Beispiel: Jüngel, Eberhard: Wein IV. Wein und Wahrheit. In: RGG[4], Bd. 8 (2005) Sp. 1360f.

Zum Lexikonnamen: Der wird häufig abgekürzt, z.B. „VL" oder „LThK". Welche Abkürzung Ihr Lexikon hat, finden Sie in fachspezifischen Verzeichnissen. Das wird Ihnen im Proseminar genannt. Auch bei der Angabe eines Lexikonartikels wird weder Erscheinungsort noch Herausgeber genannt.

4. Internetpublikationen
Name, Vorname: Titel. Untertitel. URL: http://www.example.com/verzeichnis/unterverzeichnis/datei.htm l (Datum des Zugriffs)

> Beispiel: Ulrike Gramann: Welche Farbe die Welt hat, warum, für wen. https://www.poliander.de/2017/04/10/i-am-not-your-negro/

Geben Sie den DOI an (= Digital Object Identifier), weil es sich dabei um eine dauerhafte und eindeutige Identifizierung digitaler Objekte handelt, vergleichbar mit einer ISBN oder einer ISSN.

Während das DOI das Objekt selbst klassifiziert, gibt ein URL den Pfad an, an dem ein Objekt gefunden wurde. Da sich dieser Ort aber ändern kann oder es auch verschiedene Fundorte für ein Objekt geben kann, ist ein DOI unbedingt einem URL vorzuziehen.

Setzen Sie hinter die Angabe des URL das Datum, an dem Sie von dieser Internetseite zitieren!

Im Literaturverzeichnis werden Internetquellen unterschiedlich gehandhabt. Einige drucken alles Internetartige zusammen in einem eigenen Unterkapitel ab („4. Internetpublikationen"), andere zitieren Texte aus dem Internet, die eineN erkennbareN AutorIn haben, in der alphabetischen Liste ab. Letzteres scheint mir mehr der Übersicht zu dienen.

Darüber hinaus gibt es noch eine Vielzahl von bibliographischen Einzelfragen, aber zu Beginn des Studiums werden Sie damit selten in Kontakt kommen.

Beispiel:

V. Quellen- und Literaturverzeichnis

V.1. Quellenverzeichnis
Die Bibel oder die Heilige Schrift des Alten und Neuen Testaments nach der Übersetzung Martin Luthers. Stuttgart 1984.

Die fünf Bücher der Weisung. Verdeutscht von Martin Buber in Gemeinschaft mit Franz Rosenzweig. Köln 1954.

V.2. Hilfsmittel
Große Konkordanz zur Lutherbibel. 2. neu bearb. Aufl. Stuttgart 1989.

V.3. Literaturverzeichnis

Johannsen, Friedrich: Altestamentliches Arbeitsbuch für Religionspädagogen. 2., überarb. Aufl. Stuttgart u.a. 1998.

Mosès, Stéphane: „Ich werde sein, der ich sein werde." Die Offenbarung der Namen in der biblischen Erzählung. In: Carola Hilfrich-Kunjappu, Stéphane Mosès (Hg.): Zwischen den Kulturen. Theorie und Praxis des interkulturellen Dialogs. Tübingen 1997 (= Conditio Judaica 20), S. 65-78.

Lang, Bernhard: Art. Theophanie. In: NBL 5, Sp. 34-38.

Rendtorff, Rolf: Theologie des Alten Testaments. Ein kanonischer Entwurf. Bd.1: Kanonische Grundlegung. Neukirchen 1999.

Willi-Plein, Ina: Das Buch vom Auszug. 2. Mose (Exodus).
Neukirchen 1988 (= Kleine Biblische Bibliothek)

--

Hier sehen Sie einen überlaufenden Absatz. Das sind zwei
Zeilen oder weniger, die sich allein oben auf einer Seite finden.
Die müssen entweder durch verschiedene Kniffe noch auf die
vorherige Seite oder müssen um mindestens eine Zeile erweitert
werden, weil sie so allein auf einer Seite nicht gut aussehen (s.
schon S. 13). Die Kniffe können in Text bestehen, den Sie
kürzen oder verlängern, Absätze, die Sie einfügen oder
weglassen. Allerdings soll Ihr Text ja nicht beliebig sein, dass
Sie ihn einfach so verändern könnten. Sodann können Sie den
Zeilenabstand für einzelne Absätze um 0,5 oder 1 verkleinern
oder vergrößern. Gezielte Silbentrennung kann auch Wunder
wirken.

4. Studentische Leistungen während der Vorlesungszeit

4.1 Wertvolle, aber unbenotete Leistungen

Seminargespräch

Ich würde keine Zeit verschwenden. Nur wenn Sie aufpassen und sich womöglich aktiv beteiligen, haben Sie etwas von der Veranstaltung. Sie verstehen und behalten das Verhandelte besser, wenn Sie auch etwas sagen. Dummerweise sind hier alle die „Tipps" aus der Schule noch immer hilfreich: Passen Sie auf, schreiben Sie mit, beteiligen Sie nicht zuviel und nicht zuwenig.

Sie üben außerdem damit, vor einer Gruppe zu sprechen. Bei dem Gewicht, das Prüfungen in Ihrem Studium haben, ist es ratsam, beim Prüfer, sprich der Seminarleitung, einen guten Eindruck zu hinterlassen.

Sprechstundenbesuche

In meinem Studium habe ich Sprechstunden-Gespräche als schwieriges Terrain erlebt, weil ich oft falsche Erwartungen hatte. Da gab es überfüllte Flure, in denen ich nach Standard bzw. Schema F behandelt wurde. Und da gab es Dozierende, die erstaunt waren, dass jemand tatsächlich in ihre Sprechstunde kommt – schon die zweite Person in diesem Monat!

Manchmal sind Sie zum Beispiel zur Absprache der Themen für Referate, Hausarbeiten oder Prüfungen dazu aufgefordert, manchmal gehen sie aus Eigeninitiative, in beiden Fällen ist Recherche über den Flurfunk sinnvoll, um zu wissen, was Sie erwartet. Alles das ist nach dem ersten Sprechstundenbesuch beim selben Professor nicht mehr so schlimm.

Seien Sie auf dieses Gespräch vorbereitet:
- Wissen Sie, welche Fragen Sie stellen wollen.
- Wissen Sie, wovon sie reden.
- Es gibt keine dummen Fragen.
- Allerdings gibt es überflüssige Fragen.

Für ihr Verhalten in der Sprechstunde sind ganz konkrete Ratschläge nicht angebracht, sondern nur Hinweise:
-    Höflichkeit ist nicht dasselbe wie Schüchternheit.
-    Engagement ist nicht dasselbe wie forsches Auftreten.
-    Ein Gespräch muss nicht lang sein.
-    Ein langes Gespräch muss nicht gut sein.

In fast jedem Fall ist es sinnvoller, in die Sprechstunde zu gehen als den Dozenten direkt vor der Lehrveranstaltung anzusprechen, weil das der Moment ist, in dem diese Person zwar in jedem Fall da ist, aber in keinem Fall Zeit für ein Gespräch hat.

Mitschriften

Das Aufschreiben der wichtigsten Informationen in einer Vorlesung oder einer anderen universitären Veranstaltung sowie wissenschaftlicher Lektüre stellt die wichtigste Form der Reduktion und damit Aneignung von Wissen dar. Also: Mitschriften können gar nicht gut genug sein.

Der allererste Schritt allerdings ist banal und schwierig zugleich: Richtig zuhören. Dabei geht es darum, sich lange auf Gesprochenes und per Bildschirm Gezeigtes konzentrieren zu können und nach einer Ablenkung wieder in den Strom der Gedanken einsteigen zu können. Sodann ist es ein Ziel, das Wichtigste ‚herauszuhören'.

Mehr noch als die Lektüre von Text ist das Zuhören eine kommunikative Angelegenheit: Sie müssen sich auf das gesamte Auftreten Ihres Gegenübers einstellen. Tatsächlich gibt es Dozierende und Stoffe, bei denen Sie am meisten verstehen (und behalten können), wenn Sie einfach nur zuhören. Sodann gibt es verschiedene Grade von Überblick durch verschiedene Formen von Vortrag, um einen visuellen Ausdruck für etwas Akustisches zu benutzen.

Dabei geht es gerade nicht darum, soviel wie möglich zu notieren, sondern nur das Wichtigste, womöglich nur Stichworte. Des weiteren sollte Ihre Mitschrift so übersichtlich wie möglich sein. Was ist wichtig, was ist übersichtlich? Hier sind Sie und Ihr jetziger Wissensstand Maß der Dinge – auch wenn es sinnvoll ist, sich von Computerprogrammen und Lernstrategien verbessern zu lassen. Ein sehr sinnvolles System ist die Mitschrift nach dem Cornell-System, weil es Übersicht bringt und ein gutes Zuhören erleichtert:

Überschrift über die heutige Sitzung oder das behandelte Kapitel	
Notizen	Schlüsselbegriffe Stichworte Fragen
Zusammenfassung	

Übersicht einer Papierseite bei einer Mitschrift nach der Cornell-Methode

Diese Seitengestaltung erfordert geradezu, dass Sie die Lehrveranstaltung auch nachbereiten. Es bietet sich an, mindestens die

Zusammenfassung in diesem Nachgang zu machen. Zugleich ist das ein System für Notizen allgemein.

Als Speichermöglichkeit sollten Sie im Laufe der Zeit probieren, ob Papier und/oder Computer für Sie geeigneter ist. Sie können auch erst per Hand mitschreiben und als ordnende Rekapitulation das Ganze in den Computer übertragen. Probieren Sie auch Datenbanken oder WORD aus. Entscheidende Kriterien sind, wie gut (und gern) Sie den Stoff eingeben können und wie gut (und gern) Sie darauf wieder zurückgreifen können. Dabei ist es möglich, dass Sie das System im Laufe der Zeit ändern. Hier ist es aber wichtig, Inhalte aus dem aufgegebenen System wiederfindbar in das neue zu integrieren.

Selbstreflexion
Schauen Sie nach ca. 8 Wochen Vorlesungszeit mal mit Ruhe und Abstand über Ihre Mitschriften: Was ist gut? Sagen Ihnen die Notizen überhaupt etwas? Was geht übersichtlicher? Wie finden Sie mehr Zeit, das Mitgeschriebene noch einmal durchzugehen und zu überarbeiten?

Seminarprotokoll
Ein Seminarprotokoll ist die Niederschrift einer Seminarsitzung, die einige Dozierende von den Studierenden reihum fordern. Es dient allen Beteiligten als Zusammenfassung des Besprochenen und als Wissenssicherung.

Nennen Sie zu Beginn den Titel der Lehrveranstaltung und den Namen der dozierenden Person, das Datum sowie Ihren eigenen Namen als ProtokollantIn. Inhaltlich enthält es möglichst übersichtlich den Ablauf der Sitzung, möglichst informativ die wichtigsten Inhalte und vollständig die Angaben zur behandelten und genannten Literatur. Wenn schriftliche Dokumente (Handouts, kürzere oder längere Papiere) vorliegen, müssen diese nicht noch einmal zusammengefasst werden, sondern werden lediglich aufgeführt (mit VerfasserIn, Titel, Ort und Zeit).

Einige Dozierende möchten nicht nur ein Protokoll in Form einer ausführlichen und allseits verständlichen Mitschrift, sondern auch die Erarbeitung und Aufnahme von weiterführenden und vertiefenden Details wie Sachfragen und Begriffsklärungen, Informationen über erwähnte Personen oder Hintergrundinformationen zu Kontext, Zeitumständen, Rahmenbedingungen etc.

4.2 Portfolio

Verschiedene Studiengänge nutzen neue Nachweismöglichkeiten studentischen Lernens wie das Portfolio. Im Grundsatz sind damit zwei verschiedene Sammlungen gemeint: Die erste ist einfach die Sammlung aller erledigter Arbeitsaufträge in einem Semester, die am Ende des Semesters abgegeben und benotet werden. Die zweite ist eine Leistungsmappe, die Ihre Arbeit an Ihrem Projekt dokumentiert und vielleicht explizit, aber in jedem Fall implizit Ihren Lernfortschritt dokumentiert. Hier geht es also stärker um den Lernprozess als um ein Ergebnis. Ein Portfolio hat eine größere formale Freiheit als eine Seminararbeit, aber dafür eine höhere Anforderung an Ihre Kreativität. Ein schlechtes Portfolio ist eine Stoffsammlung, ein besseres ist eine strukturierte und gewichtete Sammlung, ein gutes Portfolio ist Ausdruck Ihres Wissens, Ihres Fleißes, Ihrer Kreativität und Ihrer Persönlichkeit. Das Besondere eines Portfolios besteht in der Perspektive. Sie sehen sich gewissermaßen selbst beim Lernprozess zu und analysieren ihr Lernen im Hinblick auf den eigenen Kompetenzgewinn. Selbstreflexion ist hier Bestandteil der Arbeit. Allerdings mit dem Haken, dass Sie das dem Dozenten offenbaren.

Das Portfolio ist auch Ausdruck Ihres Technikwissen in bezug auf Ihr Textverarbeitungsprogramm und Ihre Hilfsmittelkenntnis in wissenschaftlichem und computertechnischem Bereich (Photoshop, Powerpoint und allem möglichen anderen). Nur ein Teil davon wird unterrichtet, aber alles fließt in die Note ein. Nicht

umsonst wurde der Begriff vor allem für Geldanlagen, Bewerbungen und Selbstvermarktungen geprägt. Selbstevaluation und Eigenreflexion gehören hierherein.
Der genaue Aufbau und das gesamte Kleingedruckte hängen massiv von den einzelnen Dozierenden ab. Sie bemerken meine Skepsis gegenüber dieser neuen Form, hoffentlich habe ich Unrecht.

4.3 Referat

Bei einem Referat sollten Sie mehrere Aspekte beachten:
- den zeitlichen Umfang Ihres Referats
- den Inhalt dessen, was Sie referieren wollen
- die Adressaten
- den Medieneinsatz
- das Handout

Zum zeitlichen Umfang
- Halten Sie sich an die vereinbarte Zeit. Im groben entsprechen 20 Minuten Vortrag 5 Seiten Text. Halten Sie das Referat zu Haus einmal zur Probe.
- Je nach dem, wie lang Ihr Referat dauert/ dauern soll, denken Sie daran, dass nach 10-20 Minuten die maximale Aufmerksamkeitsspanne Ihrer Zuhörerschaft erreicht ist. Ändern Sie das Vortragsmedium oder die Vermittlungsform, d.h. stellen Sie Fragen, führen Sie eine kurze Murmelphase durch o.ä.
- Die zeitliche Verteilung der Inhalte sollte in etwa sein: 10% Einführung, 75% Hauptteil, 15% Schluß.
- Halten Sie zeitlich die angemessene Verteilung zwischen den einzelnen Teilen Ihres Vortrags ein. Oft ist der Anfangsteil viel zu lang und der Rest viel zu kurz. Das ist ein Hinweis darauf, dass Sie sich mit der Vorbereitungszeit

verkalkuliert haben. Das ist zwei Stunden vor dem Referat nur noch begrenzt änderbar.

Der Inhalt

- Sagen Sie zu Beginn, ob Fragen während des Referats erwünscht sind oder erst im Anschluss gestellt werden sollen.
- Nennen Sie das Thema oder die Frage-/Aufgabestellung Ihres Referats, die Teile Ihres Vortrags sowie die voraussichtliche Dauer.
- Als Einstieg ins Referat können Sie ruhig etwas Ungewöhnliches wählen. Bringen Sie z.B. einen Gegenstand mit oder beginnen Sie mit einem Zitat, auf das Sie im Lauf Ihres Vortrags wieder zurückkommen.
- Bemühen Sie sich um einen logischen Aufbau der Abschnitte sowie darum, dass die Gedanken und Sätze logisch aufeinander folgen. Die Struktur Ihrer Ausführungen ist wichtig, damit sich die Zuhörenden auf den Inhalt Ihrer Aussagen konzentrieren können, weil sie jederzeit wissen, wo im Vortragsverlauf sie sich befinden und damit, welches Gewicht die aktuellen Inhalte haben.
- Wann immer Sie Tabellen oder Grafiken zeigen, erläutern Sie sie.
- Beispiele helfen dem Verständnis.
- Der Schluss ist wichtig, weil er auch am längsten in Erinnerung bleibt. Mit einem prägnanten zusammenfassenden Satz enden Sie immer besser als mit dem von mir zu häufig gehörten „Also, das ist jetzt alles, was ich gemacht hab ...".
- Um zu signalisieren, dass Sie jetzt fertig sind, können Sie zur Sicherheit ein deutlich, sozusagen verbindlich gesprochenes „Vielen Dank" an den absoluten Schluss setzen.
- Wenn Sie das, was Sie sagen, mit dem bereits im Seminar Gesagten verbinden, erfreuen Sie die Seminarleitung und erleichtern Ihren Kommilitonen einen besseren Überblick.

- Ansonsten gelten für Ihre Ausführungen dieselben Regeln wie bei einem schriftlichen Text (Hausarbeit oder Essay, s. dazu u.).

Die Adressaten

Sie haben anders als bei Seminararbeiten nicht nur die dozierende Person, sondern auch Ihre Kommilitonen als Adressaten. Es wäre gut, wenn Sie tatsächlich beide berücksichtigen. Sie zeigen Souveränität, wenn Sie nicht nur die dozierende Person anschauen.

Referieren Sie möglichst frei *mithilfe* des Skripts, d.h. nicht vorlesen, sondern vortragen. Nur dann können Sie Ihre ZuhörerInnen im Blick haben. Damit können Sie sofort Reaktionen wahrnehmen und womöglich darauf eingehen. Außerdem bleibt Ihre Sprache dann für die anderen verständlich: Einen vorgelesenen Text kann man selten besser verstehen als einen vorgetragenen oder eine freie Rede.

Dabei sollten Sie das Ganze nicht zu locker vortragen, d.h. bemühen Sie sich um eine sachliche Sprache ohne jugendliches Vokabular. So wie Sie mit der Zeit lernen sollten, Ihr Sprechen im Club, im Seminar und im Supermarkt dem jeweiligen Kontext anzupassen, sollten Sie auch Ihren Dialekt und Ihre regionale Sprachfärbung in offiziellen Kontexten ablegen können, wenn Sie es wollen. „Dem Luhmann seine Soziologie" (original so gehört, obwohl ich meinen Ohren nicht trauen wollte) ist regional wohl unauffällig, in Uni-Zusammenhängen aber Ausdruck von Inkompetenz.

Sie benötigen nicht notwendig die Erkenntnisse des Neurolinguistischen Programmierens, um zu wissen, wie wichtig Ihre eigene Körperhaltung und Blickweise ist: Ihre Einstellung zu Thema, Dozent, Zuhörerschaft und Raum kann man Ihnen ansehen!

Der Medieneinsatz

Das wichtigste Medium Ihres Vortrags ist Ihre Stimme. Kein Inhalt und kein Medieneinsatz ist etwas wert, wenn man Sie akustisch nicht versteht: Sprechen Sie deutlich und laut genug. Ansonsten ist ein Sprechtraining notwendig. Das wird an Universitäten durchgehend angeboten.

Für jede Form mündlichen und vor allem medial unterstützten Vortrags, heute gern „Präsentation" genannt, gelten zwei Hauptgrundsätze:

      1. Lassen Sie sich nicht blenden!

      2. Blenden Sie nicht!

Nun mögen Powerpoint sowie allerlei Formen womöglich animierter Präsentation vieles ermöglichen, aber trotz der Faszination von derlei Spielzeug sollten Sie den Inhalt dessen, was Sie sagen wollen, über dessen Präsentation stellen: Richten Sie die Präsentationsmedien auf den präsentierten Inhalt aus.

Powerpoint ist Segen und Fluch zugleich: Es kann eine große Erleichterung für Ihr Publikum sein, das, was Sie sagen, auch schriftlich zu lesen. Diese mediale Unterstützung kann Ihnen Nervosität nehmen. Aber eine (gute) Kommunikation kommt selten zustande, sondern zumeist schaut das Publikum quasi Fernsehen und bekommt in Ihnen eine Stimme aus dem Off. Sie können damit nur einem vorgefertigten Ablauf folgen. Jeder spontane Einfall ist unmöglich – oder er zerstört Ihre Präsentation.

Ein gut überlegter Einsatz bietet sich an. So sollten Sie von den Zuhörenden her denken und nicht von sich als Vortragender/m. Alles abzubilden, ist langweilig, und die Zuhörenden können sich das schlecht merken. Ein gutes Referat und demnach auch gute Powerpoint-Unterstützung soll helfen, den Stoff/ das Vorgetragene zu reduzieren. Nehmen Sie Ihrem Publikum die Aufgabe ab, zwischen Wichtig und Unwichtig zu unterscheiden. Es muss selbst noch weiter filtern.

-    Sinnvoll ist es, nur das im Powerpoint zu zeigen, was Sie nur sprachlich nicht so gut vermitteln wie im Bild.

- Setzen Sie lieber weniger PP-Folien ein als mehr. Damit setzen Sie (sichtbar) Schwerpunkte.
- Auf den PP-Folien sollte jeweils nicht zuviel Information enthalten sein.
- Schieben Sie dazwischen schwarze PP-Folien ein: das lenkt die Aufmerksamkeit wieder zurück auf Ihre Stimme, Ihre Person und den Inhalt des Gesagten.
- Nutzen Sie auch andere Medien wie die Tafel oder ein Flipchart oder anderes (wenn es denn nur Frontalmedien sein sollen). Bei geeignetem Einsatz unterstützt ein Medienwechsel Ihre Aussage und verlängert die Konzentrationsfähigkeit Ihrer Zuhörenden.

Das Handout

Einem Referat fügen Sie in der Regel eine schriftliche Zusammenfassung von einem Blatt bei. Eine gute Idee ist es, zwei Seiten Handout zu haben, sie nebeneinander quer zu legen und von DIN A3 auf DIN A4 zu verkleinern.

Es braucht (am besten oben links) folgende Angaben:

- Institut, Veranstaltungstitel, Semesterangabe, DozentIn der Veranstaltung, Ort und Datum (eine gute Möglichkeit bietet hierfür die Kopfzeile)
- Titel (und eventuell Untertitel) des Handouts; AutorIn
- Benutzte und evtl. weiterführende Literatur (am besten am Schluß, d.h. unten rechts)

Strukturieren Sie Ihr Blatt übersichtlich gegliedert und mit Platz für Notizen. Überladen Sie die Seite nicht. Inhaltlich handelt es sich um eine Kurzfassung von dem, was Sie vortragen, möglicherweise in Stichworten. Ein Handout enthält weder zuviele Informationen noch zu wenige: Es ist für die anderen überflüssig zuzuhören, wenn alles, was Sie sagen, auf dem Handout steht. Es ist andererseits für das Erinnern oder Klausurlernen frustrierend, ein Handout zu haben, dem wenige aussagekräftige Informationen zu entnehmen sind.

Selbstreflexion
Wie ist Ihnen der Vorbereitungsprozess gelungen? Haben Sie
sich genug Zeit für die Erarbeitung genommen? Warum nicht?
Standen Aufwand und Ertrag inhaltlich und notenmäßig im
guten Verhältnis? Das Referat selbst: Wie haben Sie sich während des Referats gefühlt? Wie fanden Ihre Kommilitonen Ihr
Referat? Und die Dozentin?

4.4 Klausur

Bei Semesterabschlussprüfungen bietet es sich an, während des
ganzen Semesters kontinuierlich am Inhalt zu arbeiten, damit die
Prüfungswoche überhaupt leistbar ist. Arbeiten Sie in Veranstaltungen, die in der letzten Woche geprüft werden, kontinuierlich, um die Prüfungswoche zu entlasten!
Erstaunlicherweise fragen Studierende in jedem Einführungskurs, was wohl in der Klausur „drankommt". Die allermeisten
Kursleitungen haben sich dem Motto „Test what you teach" ver-
schrieben. Das heißt: Es wird nichts geprüft, was nicht auch unterrichtet wurde. Im Gegenschluss heißt das aber auch, dass im
Grundsatz alles geprüft werden kann, was vorkam. Es ist auch
sinnvoll, tendenziell alles aus dem Einführungskurs zu lernen,
weil das die Grundlage des gesamten folgenden Studiums ist.
Jede Klausur besteht erfahrungsgemäß aus drei Bereichen:
1. Wiedergabefragen,
2. Fragen, in denen Sie Ihr Wissen anwenden,
3. Transferfragen. Das sind Fragen, in denen Sie über ihr Wissen
hinaus gehen.
Während die Wiedergabefragen die leichtesten Fragen sind und
verhindern sollen, dass zu viele Prüflinge durchfallen, sind
Transferfragen dazu da, zu verhindern, dass zu viele Prüflinge
ein sehr gutes Ergebnis haben.

D.h. für Sie folgendes: Wiedergabefragen sind diejenigen, deren Antworten man auswendig lernen kann. Bei Anwendungsfragen haben Sie verstanden, was Sie wissen und können es auch in angemessener Zeit sprachlich niederlegen. Je nachdem wie schnell Sie in der Klausur diesen Bereich bearbeiten können, haben Sie Zeit für die Transferfragen, bei denen Sie nachdenken müssten oder deren Bearbeitung sonst wie längere Zeit dauert.

Eine gute Klausur ist an folgendes gebunden:

- Sie brauchen gutes Material, dass Sie lernen können.
- Dieses Material sollten Sie auch verstanden haben.
- Und dieses Material sollten Sie auch kennen.
- Sie sollten Ihr Wissen schnell abrufen können.
- Fachwörter geben Punkte.
- Sie brauchen einen guten sprachlichen Ausdruck, gute Rechtschreibung und eine lesbare Handschrift, wenn sie die Klausur noch mit der Hand schreiben. Diese drei Aspekte werden zwar nicht eigens benotet, aber sie fließen bei jeder korrigierenden Person spätestens unbewusst mit ein. Wenn Sie hier nach Ihrem Eindruck oder nach der Rückmeldung des Prüfers Defizite haben, dann sollten Sie sie schleunigst, spätestens in der vorlesungsfreien Zeit ausbügeln.
- Schreiben Sie für sich Probeklausuren: Überlegen Sie, was Sie anstelle Ihrer Seminarleitung fragen würden. Selten liegen Sie daneben.
- Wenn Sie sich partout nicht vorstellen können, was der Prüfer fragen wird, dann haben Sie wahrscheinlich den Unterrichtsstoff nicht verstanden. Also gehen Sie das Material noch einmal bzw. mehrmals durch.

Selbstreflexion
Wenn Sie mit der Note nicht zufrieden sind, ist die Note trotzdem fair gewesen? Warum ist sie möglicherweise nicht so gut? Was können Sie fürs nächste Mal verbessern?

4.5 Mündliche Prüfung

Bei Semesterabschlussprüfungen bietet es sich an, während des ganzen Semesters kontinuierlich am Inhalt zu arbeiten, damit die Prüfungswoche überhaupt leistbar ist. Arbeiten Sie in Veranstaltungen, die in der letzten Woche geprüft werden, kontinuierlich, um die Prüfungswoche zu entlasten!

Eine mündliche Prüfung besteht ebenfalls grundsätzlich aus den drei Bereichen Wiedergabefragen, Anwendungsfragen und Transferfragen. Die Anteile innerhalb einer mündlichen Prüfung variieren je nach dem Eindruck, den der Prüfer vom Prüfling hat und je nach Angewohnheit des Prüfers. Hier ist es angebracht, andere Prüflinge zu fragen. Ich selbst hatte zwei Prüfer, die grundsätzlich mit Transferfragen angefangen haben, was mich sehr verunsichert hätte, wenn ich es nicht vorher gewusst hätte. Tatsächlich beginnen nur wenige Prüfer eine Prüfung mit Wiedergabefragen, weil man so nicht ins Gespräch kommt. Denken Sie daran: eine mündliche Prüfung ist kein Quiz.

Bei einer mündlichen Prüfung ist alles das wichtig, was auch bei Gesprächen, zum Beispiel Verkaufsgesprächen, wichtig ist:

- Bezüglich des Wissens brauchen Sie hier alles, was auch für eine Klausur wichtig ist, also haben Sie den Stoff verstanden, Sie können ihn auch erläutern und ihr Wissen anwenden.

- Kleidung und Frisur sollten angemessen sein, d.h. nicht zu leger und bitte auch nicht zu offiziell. Und wohlfühlen müssen Sie sich auch darin.

- Selbstverständlich kommen Sie rechtzeitig und haben auch weder Kaffee noch Telefon in der Hand.

- Sie brauchen ein sicheres, aber nicht arrogantes Auftreten. Das bedeutet: sie wippen nicht auf dem Stuhl, Sie zittern nicht, und Sie können Ihren Prüfer anschauen. Wenn Sie hier Defizite haben, haben Sie entweder ein Drogenproblem, sind überhaupt nicht vorbereitet oder haben Prüfungsangst. Sollte eines dieser Möglichkeiten zutreffen, ändern

Sie das dringend. Für alles gibt es an Ihrer Uni Beratungsstellen.

- Sie sollten sich gut sprachlich ausdrücken können, nicht zu viel reden und vor allem nicht zu wenig.

- Bei den Antworten gibt es verschiedene Strategien, so können Sie dem Prüfer beiläufig sozusagen Brocken hin werfen, sprich Stichworte fallen lassen, bei denen er nachfragt, und die sie dann wunderbar beantworten können. Im Rückschluss heißt das: Erwähnen Sie keine Stichworte, die sie nicht erläutern können.

- Halten Sie mündliche Prüfungen zur Probe ab, entweder indem Sie erwartbare Fragen der Wand erzählen oder einem lebenden Gegenüber.

Selbstreflexion

Wenn Sie mit der Note nicht zufrieden sind, ist die Note trotzdem fair gewesen? Warum ist sie möglicherweise nicht so gut? Was können Sie fürs nächste Mal verbessern?

5. Studentische Leistungen während der vorlesungsfreien Zeit

Formen und Formales sind in der heutigen Zeit wenig beliebt, weil sie als ein Korsett für Individualität (s.o.) wahrgenommen werden. Individualität und Kreativität drücken sich deshalb oft in der eigenen Abwandlung des Formalen aus. Hier aber sind drei Leitlinien sinnvoll:

1. Weichen Sie vom formalen Standard nur dann ab, wenn Sie damit die von Ihnen vertretene These umsetzen.
2. Weichen Sie vom formalen Standard nur dann ab, wenn Sie Zeit dafür haben, formale Alternativen zu suchen.
3. Weichen Sie vom formalen Standard nur dann ab, wenn Aufwand und Ertrag in einem sinnvollen Verhältnis stehen.

5.1 Essay

Ein Essay ist ein kurzer selbst abgefasster Text von etwa zwei bis fünf Seiten. Er setzt sich fachlich qualifiziert mit einem Thema auseinander, das Gegenstand einer Lehrveranstaltung ist. Dabei geht es um die Dokumentation der eigenen, engagierten Auseinandersetzung mit dem Thema in prägnanter Form.

Neben Stilsicherheit, Stringenz und Schlüssigkeit wird von den Verfasserinnen und Verfassern erwartet, dass sie sich engagiert – durchaus auch mit einem persönlichen Blickwinkel – mit einem Thema beschäftigen. Wird dieses von einem Studierenden bzw. einer Studierenden selbst gewählt, ist eine genaue Absprache mit dem bzw. der Dozierenden unumgänglich.

Essays können in diversen Varianten geschrieben werden. So kann zum Beispiel vorgegeben sein, dass ein Thema allgemeinverständlich, aber dennoch sachlich korrekt und präzise behandelt werden soll (z.b. im Sinne eines Zeitungsartikels). Denkbar ist auch die Diskussion eines zentralen Begriffs der jeweiligen Studienrichtung. Ebenfalls können Buchrezensionen in Essayform verfasst werden.

Die Verwendung von Sekundärliteratur ist bei Essays nicht zwingend und auf ein Mindestmaß zu reduzieren; wird solche jedoch verwendet und/oder referiert, ist sie wie bei allen anderen schriftlichen Arbeiten korrekt anzugeben (ebenso Zitate). Der Umfang beträgt zumeist maximal 8 Seiten bzw. 28.000 Zeichen. Für ein Essay sollte nicht mehr als eine Arbeitswoche eingesetzt werden müssen. Näheres regelt die Studienordnung oder der Dozent.

5.2 Hausarbeit

Eine Hausarbeit ist ein von Ihnen abgefasster Text von 8-25 Seiten. Hier gibt es verschiedene Seiten- und Niveau-Vorgaben. Meistens schreiben Sie Hausarbeiten in der vorlesungsfreien Zeit. Es gibt mit steigernden Anforderungen Proseminararbeiten, Seminar-, Hauptseminar- und Abschlussarbeiten für den BA und den MA. Es handelt sich dabei um eine wissenschaftliche Übungsarbeit und dient dazu, unter Beweis zu stellen, dass Sie fachspezifische Fragestellungen und Methoden kennen und anwenden können. „Wissenschaftlich" heißt: Sie haben Belege und ein Verzeichnis der benutzten wissenschaftlichen Literatur. Sie diskutieren ein Thema oder interpretieren einen Text gründlich und logisch. Sie geben bisherige Forschungspositionen wieder und beurteilen sie, um Ihren Gegenstand besser zu verstehen und zu erklären. In den sprachbasierten Fächern ist zudem der Erweis zu erbringen, dass Sie mit den jeweiligen Sprachen umgehen können.

Für eine Proseminararbeit sollten Sie bei sorgfältiger Planung nicht wesentlich mehr als vier Arbeitswochen für BA/MA-Studierende aufwenden müssen – aber schauen Sie auf die

Punkte-Rechnung in Ihrer Studienordnung, sie gibt Ihnen Auskunft über den geforderten Zeitaufwand. Der ist häufig auf viel weniger Zeitaufwand berechnet. Hören Sie hier auf den Flurfunk und gleichen das dann mit Ihrem Ehrgeiz und Ihren sonstigen zeitlichen Verpflichtungen ab. Es kann sich auszahlen, wenn man bereits während des Besuchs des Proseminars die Grundparameter der anschließend zu schreibenden Arbeit auslotet, d.h. besonders aufpasst und womöglich schon parallel Textteile verfasst.

Eine Hausarbeit hat ein Titelblatt mit allen notwendigen Angaben zur Lehr-veranstaltung, der verfassenden Person und dem Titel der folgenden Seiten.

Das Inhaltsverzeichnis stellt eine tabellarische Gliederung der Arbeit dar. Es enthält die Überschriften aller Haupt- und Unterkapitel bis zur untersten Gliederungsstufe. Dabei müssen die Titel im Inhaltsverzeichnis mit dem Wortlaut der Überschriften im laufenden Text übereinstimmen. Aus dem Inhaltsverzeichnis und dem Umfang soll der Leser/ die Leserin die Proportionierung der Arbeit ablesen können (Schwerpunkte der Untersuchung, Umfang der einzelnen Teile). Versuchen Sie, für Ihre Kapitel- und Zwischenüberschriften aussagekräftige, prägnante Titel zu finden. Die Gliederung, die Sie im Inhaltsverzeichnis wiedergeben, sollte aufschlussreich Ihre Argumentations- und Arbeitsschritte wiedergeben.

Die Einleitung besteht aus einer Hinführung zum Thema, Begründung der Fragestellung und der Materialauswahl, der Methode und der Gliederung der Untersuchung. Bitte verzichten Sie auf Danksagungen oder persönliche Widmungen in allen studentischen Texten.

Der Hauptteil enthält die eigentliche Abhandlung des Themas. Es ist notwendig, den behandelten Komplex in logisch aufeinander folgenden Abschnitten differenziert darzustellen und bei den Abschnittüberschriften darauf zu achten, dass sie den darunter zusammengefassten Inhalt möglichst prägnant auf den Begriff bringen.

Der Schluss einer Untersuchung ist ein selbständiger Teil. Er fasst die Ergebnisse zusammen und nennt Weiterführendes. Zwischenergebnisse kann man, besonders bei längeren Arbeiten, auch schon am Ende von größeren Abschnitten im Hauptteil formulieren.

Am Ende der Arbeit steht mit dem Quellen- und Literaturverzeichnis eine tabellarische Angabe aller Texte, die Sie für Ihre Hausarbeit gelesen haben. Dieser Teil ist unscheinbar, aber arbeitsintensiv und fehleranfällig. Gehen Sie geizig mit möglichen Anhängen um. Bei vielen Seminararbeiten stellt der Anhang die Versuchung dar, die Aussagen im Text der Arbeit wieder zu relativieren, weil Sie dort doch Material aufnehmen, das Sie vorher wahrscheinlich zu Recht ausgeschieden haben (das Gleiche gilt für Fußnoten).

Wie sieht die Arbeit aus?

Auf den folgenden Seiten schlage ich eine Gestalt Ihrer Hausarbeit vor, nach der Sie sich richten können, falls Ihr Dozent keine eigenen Vorgaben macht.

Eine Seminararbeit besteht bitte nicht aus einem Stapel Zettel, sondern wird am besten in einem Schnellhefter der dozierenden Person abgegeben. Nehmen Sie Abstand von größerem Bindeaufwand wie Festbindungen etc, das sieht zu aufwändig aus und ist unnötig.

Eine Seminararbeit enthält von vorn nach hinten folgende Teile:

> Titelblatt
> Inhaltsverzeichnis
> Einleitung (erst hier werden die Seiten mit „1" an
>   fangend gezählt)
> Hauptteil/ Untersuchungsteil
> Schluss
> Quellen- und Literaturverzeichnis

Bis auf „Hauptteil/ Untersuchungsteil" werden auch alle Teile mit diesen Namen als Überschrift so eingeleitet. Die Hauptkapitel richten sich nach Zahl und Titel nach Ihren Inhalten.

Wie sieht eine Seite aus?
Seitenzahlen
evtl. Kopfzeile (Ihr Name, Kurztitel der Arbeit, Dozent,
                          Seminar)
Text
Fußnoten

- Schriftgröße Fließtext = 12 pt
- Zeilenabstand = „genau 18 pt". Das entspricht 1,5fachen Zeilenabstand, gewährleistet aber den absolut gleichen Abstand der Zeilen, auch wenn Sie Sonderzeichen benutzen
- linker Rand = 3 cm (für die Heftung)
- rechter Rand = 4 cm (für Korrekturen)
- Seiten nur einseitig bedrucken
- Zitate unter drei Zeilen Länge in den laufenden Text
- Zitate über drei Zeilen absetzen, links und rechts 1,5 cm einrücken und 10pt Schriftgröße; Zeilenabstand 12pt
- Fußnoten 10pt Schriftgröße; Zeilenabstand 12pt
Möglicherweise hat Ihr Institut oder Ihr Dozent hier eigene Vorgaben. Dann richten Sie sich natürlich danach.

Titelblatt
Das vollständige Titelblatt enthält:

Universität
Fakultät
Semester
Modul

Thema des Seminars
Seminarleiter/Seminarleiterin

Titel der Arbeit

Ihr Vor- und Nachname
Matrikel-Nummer
Studienfächer und angestrebter Abschluss Semesterzahl
Semesteranschrift/ Email-Adresse

Beispiel:

Julius-Maximilians-Universität Würzburg
Theologische Fakultät
SoSe 2002
Seminar: Einführung in das Alte Testament
Leitung: Dr. Fritz Schlau
Grundmodul Altes Testament

Die Theophanie JHWHs in Ex 3 – Offenbarung der
Verborgenheit

Ulrike Sals
Matr.-Nr. 3112171
4. Sem.
LA Gym /
Deutsch, Ev.
Religionslehre
Straße 34
7070 Würzburg

Viele Studierende gestalten das Titelblatt mit Abbildungen, Photoshop und anderen Visualitäten. Nun haben Dozierende einen unterschiedlichen Geschmack, und je nach Fach und Thema bietet sich Verschiedenes an. Aber achten Sie bitte darauf, dass der Aufwand und der Ertrag in einem günstigen Verhältnis stehen. Im Zweifel stecken Sie die Zeit für das Layout besser in den Inhalt.

Beispiel:

Inhaltsverzeichnis

6. Eigene Texte schreiben

6.1 Literatur recherchieren

Sie können auf dreierlei Weise Literatur zu einem Thema recherchieren:
- Gezielt. Sie haben genaue Titel, müssen sie nur finden.
- Unsystematisch. Surfen im Internet oder Schmökern in Bibliotheksgängen.
- Systematisch. Sie suchen ein Wissensarchiv (Nachschlagewerk, Suchmaschine) nach einem Kriterium möglichst lückenlos durch.

Je intensiver und länger Sie arbeiten, desto häufiger gehen Sie alle drei Schritte mehrmals durch. Von den drei Weisen ist nur die systematische Suche wissenschaftlich, und sie ist auch die schwierigste und zeitaufwendigste.

Gezielte Suche: einen bestimmten Titel finden
Bei allem, was Sie nicht schon besitzen oder was Sie jederzeit im Internet herunterladen können, scheint es erheblich schwieriger als gedacht zu sein, an konkrete Literatur zu kommen. Sie haben den Titel, Sie haben die Signatur, und dann ist die Bibliothek geschlossen. Oder das Buch steht nicht am Platz. Oder – was Sie selbst verhindern können – Sie wissen nicht, wo in der Bibliothek die Zeitschriften stehen oder die Semesterapparate. Das ist ärgerlich, aber es wird fatal, wenn die Zeit für Ihr Referat, Ihren Arbeitsauftrag oder Ihre Klausur abläuft. Dem können Sie nur entgehen, wenn sie ein gewisses Zeitmanagement an den Tag legen, sprich wenn Sie sich Ihre Literatur frühzeitig besorgen. Frühzeitig heißt mindestens zwei Wochen vor dem Termin, damit auch etwas passieren kann.

Unsystematische Recherche: Oberflächen-Rezeption
Oberflächen-Rezeption, also Surfen oder Schmökern, dient
weniger dazu, einen Überblick zu bekommen. Eher können Sie
damit Ihren Horizont erweitern: Sie finden Wissensfelder,
Methodiken und Techniken, die Sie nicht gesucht haben, die
aber nützlich sein können. Oberflächenrezeption ist weder
gründlich noch langsam, Ihre Augen gleiten über die Seiten und
bleiben eher spontan und scheinbar zufällig irgendwo hängen. Es
ist ein spielerisches Vorgehen.
Das Wichtigste ist, diese Recherche zeitlich zu begrenzen, weil
die Horizonterweiterung in Konfusion umschlagen kann. Dafür
können und sollten Sie vielleicht mehrere Anläufe mit zeitlichen
Abständen unternehmen. Dass das Surfen hier nur ein Punkt von
mehreren ist, zeigt für Sie, dass Internetrecherche oder Schmö-
kerstunden in der Bibliothek zeitlich und energetisch viel mehr
Raum einnehmen, als sie Nutzen bringen. Zum Abmessen des
Horizonts sind sie trotzdem unverzichtbar – und machen einen
Riesenspaß.

Selbstreflexion
Sinnvoll ist es, sich vielverspechende Regale/Suchmaschinen,
elektronische oder papierene Hilfsmittel zu merken, damit Sie
darauf bei einem nächsten Mal in jedem Fall zugehen können.

Systematische Recherche: eine Literaturliste erstellen
Für ein Referat oder eine Hausarbeit könnten Sie dazu aufgefordert werden, die Literatur, die Sie zurate ziehen, selbst zusam-
menzustellen. Nach Ihrem Examen dürften Sie ständig in dieser
Situation sein.
Da Sie nicht mit zuwenig, sondern mit zuvielen Wissens-
reservoirs zu tun haben, sind Sie gezwungen, Schneisen in den
Wissens-Dschungel zu schlagen. Aber welche? Das lässt sich
nicht global sagen. Wichtig ist, Grenzen zu ziehen, um nicht
verloren zu gehen. Es gibt mehrversprechende Recherchewege

als andere, und es ist wichtig, die Seriösität und damit die wissenschaftliche Verlässlichkeit von Literatur einschätzen zu lernen. Und doch: Vertrauen Sie Ihren Dozierenden, Ihrem Wissen und Ihrem Gefühl. Mit der Zeit, sprich mit fortlaufender Studiendauer, wird sich Ihr Wissen mehren und Ihr Gefühl wird Erfahrung weichen. Das wird umso schneller und besser passieren, je intensiver Sie studieren.

Es gibt unendlich viel wissenschaftliche Literatur zu Ihrem Thema, auch wenn Sie zu Beginn Ihres Arbeitens den Eindruck haben, dass es praktisch gar nichts gebe. Also ist es wichtig, diejenige Literatur zu finden, die Ihre Fragen beantwortet und zu Ihrem Arbeitskontext passt. Deshalb ist die Recherche der Literatur fast genauso wichtig wie ihre Lektüre.

Grenzen ziehen

Die Literaturrecherche hat eine wichtige Grenze: Quellen stehen im Vordergrund. Das meint die Kenntnis und die Interpretation der Quellen. Wenn Sie die Wahl zwischen der Lektüre eines weiteren Quellentextes aus dem Umfeld Ihres eigentlichen Themas und einem weiteren Sekundärliteraturtitel haben, dann lesen Sie im Zweifel die Quelle.

Sodann müssen Sie nun bei der Literaturrecherche das Kunststück vollbringen, nicht zuviel Zeit in die Literaturrecherche zu stecken und gleichzeitig genau die richtige Literatur zu finden und zu lesen. Hier können Sie viele zeitraubende, frustrierende und qualitätsmindernde Fehler machen. Spätestens in den ersten Rechercheschritten präzisiert sich idealerweise Ihr Fragenkatalog. Einige die Arbeit beschleunigende und abkürzende Techniken sind:

- Lesen Sie abstracts von Artikeln und entscheiden Sie danach, ob Sie den Artikel ignorieren, überfliegen, lesen oder durcharbeiten wollen/werden.

- Lesen Sie Literatur- oder Forschungsberichte, die eine Vielzahl von Büchern und z.T. Aufsätzen zu einem bestimmten Thema zusammenfassen.
- Lesen Sie Rezensionen, also zusammenfassende und beurteilende Essays über ein Buch (das sind ca. 2 Seiten Lektüre statt ca. 200).
- Lesen Sie im Zweifel eher Aufsätze als Bücher.
- Lesen Sie von neu zu alt.
- Besorgen Sie sich die Literatur frühzeitig!
- Berücksichtigen Sie mögliche schlechte Bibliotheks-Öffnungszeiten.

Weitere Hinweise finden Sie im Abschnitt zur Lektüre wissenschaftlicher Literatur.

Alle diese Ratschläge geben keine Garantie dafür, den goldenen Text für Ihre Fragestellung zu finden. Und: Aktuelle Literatur ist nicht notwendig die beste.

Hilfsmittel

Die Hilfsmittel in Internet und Uni-Bibliothek möglichst gut zu kennen, spart Zeit, Geld, Frust und bessert den Studienerfolg, sprich: es macht das Leben leichter. Tatsächlich steht es mit der Bibliothek ähnlich wie mit dem Internet: Am Anfang ist das alles viel zu viel. Vielleicht sind Sie nicht die Person, die jetzt am Anfang am meisten weiß oder am meisten kann. Aber Sie können eine Person werden, die sich besonders gut sehr vieler hilfreicher Hilfsmittel bedienen kann. Das Umgehen mit Hilfsmitteln ist Übungssache und deshalb besonders am Studienbeginn zeitintensiv und vielversprechend. Aber jedes Buch ist nur so gut und hilfreich, je häufiger man es benutzt.

Tatsächlich werden sich die Ihnen hilfreichen homepages, Suchmaschinen, Mailingdienste, Lexika und Wörterbücher im Laufe der Zeit verändern, und sei es nur, weil sich Ihre Kenntnisse, Fähigkeiten, Anlässe und Interessen verändern.

Nehmen Sie möglichst mehrmals an einer Bibliotheksführung von Institut und UB teil. Auch ein Besuch anderer Bibliotheken und sogar der Stadtbücherei erweitert Ihre Spielräume. Es gibt Kurse oder Vorträge für die Benutzung des OPACS und Fachdatenbanken.

Sie haben in ihrem Studium wenig Zeit für Experimente. Deshalb bietet sich sozusagen Training on the job an. Suchen Sie Literatur zu dem Thema ihrer ersten Seminararbeit oder ihres ersten Referats in verschiedenen Datenbanken. Sie bekommen mit der Zeit, d.h. im Laufe des BA-Studiums, ein Gefühl dafür, was für Sie gewinnbringend ist und was nicht. Bedenken Sie aber, dass sich in vergleichsweise schneller Zeit ihr Horizont erweitert, so dass Sie gerade die Nutzung verschiedener Datenbanken nicht zu fest zurren sollten. Oder anders formuliert: Routine ist bei Recherche oder in der Forschung tödlich.

Die absolute Grundlage aller Hilfsmittel ist die Technik der Textfertigung. Deshalb als Gebot: Du sollst deine Textverarbeitung in- und auswendig kennen und ggf. einen Kurs besuchen!

Empfehlenswerte Recherchewege

1. Literaturliste des Seminars/ Empfehlungen des/r Dozierenden.

2. Lexikonartikel. Vorgehensweise hier: von kurz zu lang, d.h. anfangen können Sie mit einem einbändigen Lexikon.

3. Überblicksliteratur (Einführungsbücher zur allgemeinen Einordnung; Forschungsberichte zum konkreten Wissensfeld). Letztere sind in aller Regel in den Nachschlagewerken (und der Literaturliste Ihres/r Dozierenden) aufgeführt. Einführungsbücher lernen Sie in den ersten Lehrveranstaltungen kennen.

4. Datenbanken und Bibliographien. In Einführungsveranstaltungen werden Ihnen diese Hilfsmittel für Ihr

Fach genannt und womöglich in ersten Schritten geübt. Möglichst gute Praxis, die Lektüre von Einleitungen und FAQs sind hier nur vorteilhaft. Die Nutzung von Datenbanken scheint einfach und stellt die Versuchung dar, schnelle Ergebnisse zu bekommen. Aber sie empfiehlt sich erst, wenn Sie bereits Überblick *und* erstes genaueres Wissen haben. Sonst ist die Fülle der unbegrenzten Möglichkeiten dazu angetan, dass Sie sich in ihr verlieren. Sie sollten stets mehrere Fachdatenbanken zurateziehen, die je ihre eigenen Schwerpunkte haben.

5. Rezensionen. Sie geben oft gute Zusammenfassungen. Um Rezensionen zeitsparend zu finden, gibt es für viele geisteswissenschaftliche Fächer Datenbanken für Rezensionen, die in vielen Uni-Bibliotheken zugänglich sind.

6. Bis jetzt haben Sie noch nicht auf den Katalog Ihrer Universität zurückgegriffen. Das ist deshalb gut und sinnvoll, weil die meisten OPACs, IDSs etc nur Monographien verzeichnen. Die sollten Sie erst zum Schluss lesen, weil sie die zeitintensivste Lektüre sind.

7. Der mühseligste und sicherste Weg sind die Fußnoten der Literatur, die Sie lesen.

Was ist wissenschaftliche Literatur?

Wie unterscheide ich zwischen wissenschaftlicher/seriöser und nicht-wissenschaftlicher/ unseriöser Literatur? Wissenschaftliche Ergebnisse und wissenschaftliche Erörterungen mündlicher und erst recht schriftlicher Art sind idealerweise fehlerfrei, vollständig, genau, nachprüfbar, wiederholbar, methodisch fundiert, sachlich und neutral. Das kann mit Fug und Recht heißen: Was nicht nachprüfbar ist, ist keine wissenschaftliche Aussage. Das betrifft ganze Veröffentlichungen und sogar eine einzelne

Behauptung innerhalb des seriösesten Buches. Deshalb sind die Belege für Ihre Ausführungen so wichtig.

Im Grundsatz gibt es weder bei gedruckten noch bei elektronischen Texten eine Garantie für ihre (wissenschaftliche) Verlässlichkeit. Trotzdem gibt es gewisse Eigenschaften, die auf Seriösität des Inhalts hinweisen.

- Stimmen die Aussagen?
- Werden sie begründet?
- Ist alles in Betracht gezogen oder werden entscheidende Gegenargumente verschwiegen?
- Ist die Wiedergabe von Gegenmeinungen sachlich und ausgewogen?
- Ist die Argumentation logisch und plausibel?
- Ist die Argumentation differenziert oder finden sich All-Aussagen?
- Es müssen Quellen und Literaturhinweise angegeben sein.
- Finden Sie Hinweise, ob angegebene Quellen wissenschaftlich bzw. seriös sind?
- Bei wikipedia werden Artikel, die als nicht seriös oder nicht ausgewogen gelten, mit einem entsprechenden Hinweis zu Anfang gekennzeichnet. Schauen Sie auf die Diskussionsseite: Was wird diskutiert? Betreffen die genannten Argumente Teile Ihres zentralen Wissensbedürfnisses?

Für all das Wenige, was Sie eben zur Erkennbarkeit von wissenschaftlicher Literatur gelesen haben, bedenken Sie, dass am Ende seriöse Geisteswissenschaft so erkennbar ist wie „Wahrheit" – also genauso überzeugend, trügerisch und selten wirklich für alle konsensfähig. Zweiflern unter Ihnen sei die Kurzgeschichte „Tlön, Uqbar, Orbis Tertius" von Jorge Borges empfohlen, nehmen Sie bei besonders schwerem Zutrauen in objektive Wahrheit den Satz von Stanislaw Lem, Summa technologiae, Frankfurt/M. 1976, S. 546, über die Encyclopaedia Britannica, hinzu.

Selbstreflexion
Die Literaturrecherche steht nie abgeschlossen am Anfang der Arbeit. Oft habe ich entscheidende Literaturangaben erst mitten in der inhaltlichen Arbeit gefunden. Wenn aber Ihr ‚offizieller' Arbeitsschritt Literaturrecherche zuende ist, lassen Sie ihn Revue passieren: Was war erfolgreich? Wo sind Verbesserungsmöglichkeiten? Wo sind zeitliche Beschleunigungsmöglichkeiten? Wie können Sie Unwohlsein wegen einer fachlichen Unsicherheit minimieren oder abschaffen?

6.2 Die eigene Schriftsprache finden

Bilden Sie ihr eigenes Sprachempfinden und Ihre sprachliche Analysefähigkeit, indem Sie soviel wie möglich selbst schreiben und lesen. An der eigenen Sprache zu arbeiten und die Präzision und Gewandtheit im Ausdruck zu schärfen, ist eine der klügsten Investitionen während Ihres Studiums.

Stil
Wenn Sie jetzt lesen, dass die Anforderung an Sie ist, einen guten und angemessenen wissenschaftlichen Sprachstil zu haben, können Sie damit womöglich nichts anfangen. Sicherlich können Sie an einem Text erkennen, dass er wissenschaftlich formuliert, aber beschreiben können Sie es vielleicht nicht. Zugleich ist es schwierig, eine Beschreibung der Wissenschaftlichkeit einer Sprache in eigene wissenschaftliche Sprache umzusetzen. Fahrradfahren lernt man am besten auf dem Fahrrad.
Deshalb habe ich im folgenden ganz formal und etwas augenzwinkernd argumentiert. Das nimmt Ihnen hoffentlich die Scheu vor den ersten Sätzen.

Wörter

- Verwenden Sie Fachwörter. Das zeigt, dass Sie dabei sind, sich in das Fach einzuarbeiten. Es wird Ihnen von Ihren DozentInnen sehr positiv angerechnet.
- Verwenden Sie Fachwörter korrekt. Eine falsche Verwendung zeigt Ihren DozentInnen, dass Sie bei der Einarbeitung in das Fach noch viele Defizite haben. Sie wird Ihnen sehr negativ angerechnet.
- Verwenden Sie eher Nebensätze statt Nominalbildungen.
- Verbessern sie die Präzision Ihrer Sprache. Lässt sich, was Sie sagen wollen, genauer ausdrücken?

Sätze

- Jeder Satz sollte wenigstens einen Gedanken enthalten.
- Ein Satz sollte nicht mehr als einen Gedanken enthalten.
- Ein Satz kann mehr als ein Komma haben. Werden es mehr als drei, zurück zum Satzanfang und überlegen, ob es nicht zwei Sätze werden.
- Ein Satz sollte nicht mehr als ein Semikolon, einen Doppelpunkt, ein Paar Klammern und ein Paar Gedankenstriche enthalten.
- Steht zwischen zwei Klammern – oder zwei Gedankenstrichen – eine ganze Zeile (oder sogar mehr), macht sich eine Fußnote besser.
- Stehen in einer Fußnote drei Wörter oder weniger, macht sich eine Klammer besser.
- Vermeiden Sie Regieanweisungen („Ich möchte jetzt darstellen, dass ...“). Tun Sie stattdessen, was Sie tun möchten.

Absätze

Grundsätzlich gilt:

Setzen Sie die Absatzgrenzen sorgfältig. Ein Gedanke oder ein Gedankenschritt wird in einem Absatz diskutiert. Wenn ein neuer beginnt, gibt es einen neuen Absatz. Ein Absatz besteht immer aus ca. 3-5 Sätzen (nie nur aus einem). Wenn also an Ihrem Text etwas nicht mit obigen Regeln übereinstimmt, sollten Sie noch einmal daran arbeiten. Dann gewinnt auch der Inhalt Ihrer Aussagen: Ihre Argumentation wird logischer und zwingender.

- Pro Gedanken einen Absatz.
- Ein Gedanke ist ein Teil dessen, was Sie ausführen. Sehr, sehr abgekürzt passt er hinter einen Spiegelstrich.
- Neuer Gedanke, neuer Absatz.
- Ist der Absatz zu lang, kann es sein, dass Sie hier deutlich ausführlicher sind als sonst in Ihrem Text: Lässt sich der Absatz kürzen?
- Ist der Absatz zu lang, haben Sie womöglich mehrere Gedanken oder Informationen in einem Absatz: Lässt sich der Absatz teilen?
- Ist der Absatz zu kurz, kann es sein, dass der Gedanke eigentlich zu einem anderen, ihm übergeordneten, Punkt gehört. Dann verschieben Sie diesen Mini-Absatz dorthin.
- Ist der Absatz zu kurz, kann es sein, dass der Gedanke im Vergleich zu den anderen in Ihrem Text noch nicht richtig ausformuliert ist. Vielleicht ist Ihnen auch noch nicht klar, was Sie genau sagen wollen. Denken Sie also noch einmal darüber nach.
- Die Reihenfolge Ihrer Absätze sollte logisch sein. Hier kommen die Spiegelstriche vom zweiten Spiegelstrich (haha) wieder zum Einsatz: Ordnen Sie Ihre Grundgedanken auf einem separaten papierenen oder elektronischen Zettel in diesen Stichworten/ Spiegelstrichen in eine logische Abfolge. Das funktioniert sel-

ten auf Anhieb. Je besser diese Logik am Ende überarbeitet wurde, d.h. je zwingender Ihre Argumentation oder Darstellung ist, desto besser haben Sie den Sachverhalt durchschaut.

Kapitel

Bei den meisten Seminararbeiten und Referaten sind bestimmte Analyseschritte festgeschrieben, die unbedingt vorkommen müssen. Halten Sie das ein.

Allerdings sind studentische Texte häufig davon geprägt, dass diese Kapitel „abgearbeitet" werden, was zur Folge hat, dass sie keinen Zusammenhang haben, also nicht aufeinander aufbauen oder auseinander folgen. Dem könnten Sie folgendermaßen abhelfen:

1. Schreiben Sie zunächst Ihre Seminararbeit ohne jede Kapiteleinteilung. Damit müssen die Themen, die Sie behandeln, automatisch in einem Zusammenhang stehen. Sie müssen das eben Gesagte zusammenfassen, weil Sie eine Leselenkung brauchen.

2. Wenn Sie mit Ihrer Arbeit fertig sind, setzen Sie Kapitelüberschriften ein. Wahrscheinlich werden Sie nun feststellen, dass einige Überschriften gar nicht an diese Stelle gehören. Das ist dann ein Hinweis darauf, dass Sie hier nicht logisch argumentiert haben. Ordnen Sie Ihre Gedanken und Ihren Text und versuchen Sie es so lange, bis es klappt.

Sehr oft ist aber das Gegenteil der Fall: Ihre Ausführungen gehören jeweils in das entsprechende Kapitel. Aber miteinander zusammen passt das irgendwie nicht. Hier sind Zusammenfassungen hilfreich. Was ist das Ergebnis von z.B. Kapitel 3? Was sagt das über die Untersuchung aus, die Sie jetzt in Kapitel 4 anstellen?

Rechtschreibung

Positiv formuliert:

- Jedes Arbeiten wird leichter und zeitlich kürzer, wenn Kommasetzung, Rechtschreibung und Formalia Ihres Textes von Anfang an korrekt sind. Es ist eine große Kunst möglicher Leser und Leserinnen (also Professores und KorrektorInnen), einen Text inhaltlich vollständig, prägnant und logisch zu erachten, wenn er formal fehlerhaft ist und ohnmächtig der eigenen Muttersprache gegenübersteht.

- Andersrum: Jeder noch so schwache Inhalt wird (leider) durch ansprechende formale Gestaltung positiver aufgenommen, als er ist. Die Grundlage einer ansprechenden formalen Gestaltung ist aber die fehlerfreie Schreibung. Der schreckliche Grundsatz „Haddu Powerpoint, haddu Referat" erweckt dann genau den gegenteiligen Eindruck (nämlich schreiender Inkompetenz), wenn der Autor oder die Autorin nicht recht lesen und schreiben kann.

Negativ formuliert:

- Vertrauen Sie nicht (nur) dem Rechtschreibprogramm Ihres Computerkonzerns!

- Vertrauen Sie nicht (nur) den Fähigkeiten der Person, die Ihnen für viel zu viel Geld Ihre Texte korrigiert, bevor Sie sie abgeben (und verschonen Sie Ihre Eltern und Verwandten).

- Vertrauen Sie nur bedingt Ihren Lehrpersonen in Schule und Universität. Vielleicht haben sie die Fehler nicht angestrichen.

- Vertrauen Sie nicht darauf, dass die Personen, die Ihre Texte lesen, auch keine Ahnung haben.

- Es gibt viele Situationen im Leben, in denen Sie etwas mit der Hand irgendwohin schreiben müssen. Dann hilft Ihnen kein Computerprogramm, sondern nur Ihr eigenes Gehirn.

- Und um Himmels willen entscheiden Sie nicht die Richtigkeit einer Schreibweise, indem Sie beide Möglichkeiten in eine Suchmaschine eintippen und sich für die Schreibung mit den meisten Treffern entscheiden: Richtigkeit oder Falschheit ist keine Mehrheitsentscheidung! Auch 95% der Leute können falsch liegen!

Also:

1. Kaufen Sie sich einen Rechtschreibduden, eine Duden-App oder setzen Sie ein bookmark.

2. Legen oder stellen Sie ihn auf/ an Ihren Schreibtisch/Desktop, also in Griff- oder Klicknähe.

3. Lesen Sie einmal die Einleitung des Rechtschreibdudens. In dieser Einleitung sind die Regeln für Schreibung und Zeichensetzung wirklich verständlich zusammengefasst.

4. Überlegen Sie kurz, welche Schwächen Sie haben. Bei vielen sind es nur ein bis zwei Fehlerbereiche, z.B. Groß- und Kleinschreibung, der Unterschied zwischen „das" und „dass". Wenn Sie Ihre größte Fehlerquelle nicht kennen, schauen Sie in alten Klassenarbeitsheften oder sonst einem Ihrer korrigierten Texte nach.

5. Wenn Sie eine sprachliche Regel oder die Schreibung eines einzelnen Wortes nicht wissen, schlagen Sie es nach!

6. Über das Apostroph schweige ich stille. Durch die Bloßstellung seiner falschen Verwendung sind einige Autoren sehr reich geworden. Schlagen Sie die deutschsprachige Verwendung einmal heimlich im Rechtschreibduden nach. Dann können Sie mitlachen oder sich mitärgern.

7. Eine weitere Kleinigkeit, die Ihre Dozierenden sehr freut, wenn Sie sie richtig machen:

- = Bindestrich
– = Gedankenstrich

Bitte verwechseln Sie beide nicht. Man kann im häufigsten verwendeten Textverarbeitungsprogramm WORD auf der Computertastatur einen Bindestrich in einen Gedankenstrich verwandeln, wenn man tippt: Wort Leerzeichen Bindestrich Leerzeichen Wort Leerzeichen.

Selbstreflexion
Im gesamten sprachlichen Bereich gibt es beständig Verbesserungsmöglichkeiten. Welches sind Ihre Schwachstellen? Sie können Sie aufdecken, wenn Sie auf Ihr eigenes (Un) Wohlsein hören oder auf die Rückmeldungen Ihrer Kommunikationspartner und Ihrer Dozierenden. Schärfen Sie Ihr Sprachbewusstsein. In den Geisteswissenschaften ist das Ihr zentrales Werkzeug.

6.3 Von der Themenstellung zum fertigen Text

Eine Seminararbeit, ein Referat oder ein „Projekt" durchlaufen zumeist dieselben Phasen: Erarbeiten, Strukturieren, Recherchieren, Strukturieren, Schreiben und Überarbeiten. „Strukturieren" ist doppelt genannt, weil nur geordnete Informationen mental und digital gut verarbeitet werden können, und dieser Arbeitsgang eher häufiger als seltener zu tun ist. Erarbeiten, Recherchieren und Schreiben, Überarbeiten können Synonyme sein. Möglicherweise durchlaufen Sie jede Phase mehrmals.
Die Reihenfolge dieser Phasen durcheinander zu bringen, kostet Sie viel Zeit und viel doppelte Arbeit, macht aber manchmal sehr viel Spaß. Mindestens bei der ersten und zweiten Seminararbeit und dem ersten und zweiten Referat ist das zu komplex und zu riskant und deshalb nicht ratsam.

Die Entwicklung einer Arbeit bei einem selbstgewählten Thema
Der folgende Abschnitt spricht nicht von Möglichkeiten, sondern trifft eine Zukunftsvorhersage, der ich mir deshalb so sicher bin, weil ich es bei mir selbst, bei meinen Kommilitonen und bei meinen Studierenden immer genau so erlebt habe:

Wenn Sie sich selbst ein Thema wählen, wird es zu Anfang viel zu umfangreich sein. Im Laufe der Erarbeitung wird Ihnen das auch schwanen. Hier ist es eine nervenschonende und professionelle Idee, das Thema einzugrenzen. Das werden Sie womöglich mehrmals tun.

Zu Anfang werden Sie den Eindruck haben, dass vor Ihnen noch niemand auf der Welt diese Idee hatte und Sie Forschungs-neuland betreten. Aber je besser Sie in die Sekundärliteratur eingearbeitet sind, desto intensiver überwältigt Sie der gegen-teilige Eindruck. Dann verzweifeln Sie, weil Sie sich dumm füh-len, weil alles noch viel komplexer ist, als Sie je dachten. Und überhaupt ist ja alles schon gesagt, und so viel, wie Sie müssten, können Sie gar nicht lesen.

Aber zwischen Allmachtswahn und Ohnmachtsangst liegen Realismus und Relativierung: Sie sollen nichts weiter als Ihr wissenschaftliches Können zeigen. Präzisieren Sie Ihre Fragestellung, und das Arbeiten wird Ihnen leichter fallen. Und auch wenn dieses Thema schon x-mal bearbeitet wurde, bringen Sie vielleicht doch einen Schwerpunkt oder arbeiten Sie eine Pointe heraus, die für Sie und womöglich auch Ihren Dozenten lehrreich ist. Tatsächlich habe ich als Rekord einmal 43 Seminararbeiten zum selben sehr kurzen Text gelesen. Jede Arbeit betonte etwas leicht anderes, und viele haben mir Aspekte genannt, die ich in dieser Ausrichtung faszinierend und in dieser Form neu fand.

Ziel festlegen
Zuerst kalkulieren Sie: Wie wichtig ist dieses Projekt? Wieviel Zeit habe ich dafür? Wann? In welchen Kontext gehört das

Projekt? Überlegen Sie ein inhaltliches Konzept und Ihre Vorgehensweise. Stimmen Sie Zeitquantum und Thema aufeinander ab. Achten Sie darauf, dass Sie Zeit für das Formulieren, das Überarbeiten und für Unvorhergesehenes einplanen.

Der Erarbeitungsprozess

Eigentlich sind Seminararbeiten oder Referate nicht viel anders als Schulaufsätze oder „Präsentationen".

- Zuallererst hören Sie bitte der dozierenden Person genau zu.
- Überblicken Sie noch einmal das Seminar.
- Ihre eigene erste inhaltliche Näherung kann ein Brainstorming, eine Mind map o.ä. sein.
- Notieren Sie Ihre Empfindungen oder andere subjektive Reaktionen. Sie sich bewusst zu machen, ist sinnvoll, weil sie sonst unkontrolliert Ihren Text beeinflussen. Nehmen Sie aber Abstand davon, zu viel Persönliches in Ihrer Seminararbeit der lesenden Person preiszugeben.
- Vorarbeiten, z.B. historische Hintergründe, Übersetzungen, sollten Sie besonders gründlich leisten, wobei sie größtenteils nicht in Ihren Text aufgenommen werden, aber sehr präsent sind.
- Die Leitfragen, die Sie schon aus der Schule kennen, und die sie jetzt in den Einführungsveranstaltungen und Proseminaren lernen, sind sinnvoll. Wenn Sie sie ernsthaft beantworten, können Sie von da aus das Thema Ihrer Arbeit verstehen und Notizen dazu erstellen. Sie stellen eine wichtige Basis für Ihre Lektüre der wissenschaftlichen Literatur und später für die Abfassung des eigenen Textes dar.
- Fragestellungen ergeben sich außerdem, wenn Sie sich Ihr Interesse an dem Thema klar machen.

Strukturieren

Ordnen Sie Ihre Gedanken und die Aspekte Ihres Gegenstandes zu einer Kette oder (wahrscheinlicher) zu einem Teppich, einer mindmap oder ähnliches. Aus jedem Stichwort kann ein Abschnitt oder ein Kapitel werden. Probieren Sie mehrere Ordnungssysteme aus: Beim Strukturieren können Sie Ihr Thema in zeitlicher, lokaler oder systematischer Hinsicht ordnen. Welches erscheint Ihnen jetzt das Logischste oder das, was alle Aspekte des Gegenstands enthält? Eine erste Gliederung Ihres mündlichen oder schriftlichen Textes kann sinnvoll sein. Behalten Sie aber ruhig die zunächst verworfenen Systeme im Hinterkopf, vielleicht entscheiden Sie sich doch noch um. Ich selbst habe gerade an den Strukturierungen immer besonders lange gefeilt und mich oft noch ganz am Schluss für eine neue Struktur entschieden.

Jetzt ist der Moment für erste Formalia: Richten Sie das geforderte Seitenmaß, Zeichenabstand und Zeichengröße in Ihrer Textdatei ein.

Der Recherche- und Leseprozess

Sie lesen wissenschaftliche Literatur, um etwas zu lernen und um sich selbst eine fachliche Meinung zu bilden, d.h. mithilfe der Literatur zu einer begründeten Einschätzung zu gelangen. Dazu gilt, was oben zu Lesetechniken ausgeführt ist, wie insgesamt das vorliegende Büchlein mit Verstand gelesen werden darf. Sie erfahren, dass die Forschung Probleme in Bereichen hat, die Ihnen bislang nicht aufgefallen sind. Vormals Einfaches stellt sich als viel komplexer heraus, als Sie dachten. Seit langer Zeit denken Forscher über dieselben Fragen nach, die Sie jetzt bearbeiten. Sie sind Teil dieser langen Tradition. Zeit, um nächtelang zu lesen, zu denken und zu schreiben! Mit Forschungspositionen, die Sie nicht teilen und nicht ignorieren wollen, können Sie auf zweierlei Weise umgehen. Handelt es sich um einen Nebenaspekt zu Ihrem Gegenstand,

können Sie in einer Fußnote diese Position sehr kurz
wiedergeben und dann Ihre andere Meinung begründen. Handelt
es sich um einen Kernaspekt Ihrer Abhandlung, dann können Sie
dieser Diskussion womöglich ein ganzes Kapitel widmen.

Strukturieren

Wahrscheinlich ergeben sich nach der Lektüre der Sekundärliteratur Verschiebungen in den Schwerpunkten oder neue
Aspekte Ihrer Themenbehandlung. Passen Sie Gliederung, Inhalte und ihre Ausführungen an. Sehr wahrscheinlich hat sich inzwischen Ihre Gliederung als viel zu global ergeben: Sie müssen
das Thema verkleinern, weil sich die Ausführungen deatillieren
und damit verlängern. Möglicherweise wird aus einem Absatz
eher mehr – und immer mehr, so dass sich daraus ein ganz
eigenes Kapitel ergibt. Dann aber müssen Sie auch die anderen
Kapitel anpassen.
Wenn das passiert, wird es Ihnen wahrscheinlich leid tun, weil
Sie noch andere Aspekte behandeln wollten, aber diese De-
taillierung ist ein ‚natürlicher' Prozess.

Der Schreibprozess

Wann schreibt man? Hier gibt es einen Unterschied zwischen
Vorläufigem und Endgültigem. Im Computerzeitalter ist alles
änderbar und deshalb sehr lange, vielleicht zu lange, vorläufig.
Allerdings ist es frustrierend, einen Text x-mal zu schreiben,
weil man ihn ständig wieder umschmeißt. So bleibt mir nur der
unbrauchbare, aber einzig sinnvolle Tipp: Schreiben Sie nicht zu
früh und nicht zu spät. Extrinsische Formulierungsmotivation ist
der drohende Abgabetermin, intrinsische die sinkende Lust, sich
noch länger mit diesem Projekt herumzuschlagen bzw. die
steigende Lust, den eigenen Text genau jetzt zu schreiben.
Was schreibt man? Endgültig, also in der Abgabefassung, sollten
Sie nur schreiben, was Sie selbst auch verstanden haben und

vertreten können. Auch aus der Forschungsliteratur sollten Sie genau das mit Belegen aufnehmen: was Sie verstanden haben und was in Ihren Gedankengang passt. In jedem Fall kostet das Formulieren der Gedanken viel Zeit – ob sie schon in ihrer ganzen Komplexität durchdacht sind oder nicht.

Was schreibt man nicht? Das ist fast wichtiger. Zum einen sollte die Logik des Dargestellten und damit auch die Leselenkung im Vordergrund stehen. Die Reihenfolge dessen, was Sie schreiben, sollte einem einzigen System folgen (z.B. zeitlich, kausal oder vom Allgemeinen zum Speziellen). Die Einteilung in Kapitel und ihre Untergliederung bis hin zur Aufeinanderfolge der Sätze zeigen, dass Sie das, was Sie diskutieren, verstanden haben.

Wie schreibt man? Das Schreiben von Texten hat viel weniger mit besonderem Talent als vielmehr mit Technik zu tun: Sie können sich durch achtsames Üben verbessern. Wie schreibt man nicht? Plappern Sie nicht. Knappheit ermöglicht Präzision. Klug ist der Leitsatz „Jeder Satz ist ein notwendiger Satz".

Vermeiden Sie schon bei den ersten Sätzen Tippfehler. Der Versuch, Fehler, die Sie im Text lassen, „später" wieder rauszunehmen, wird scheitern: Sie finden nie alle Fehler. Diese Korrekturgänge wieder und wieder werden zunehmend nerven. Fehler, die Sie nicht gemacht haben, müssen Sie auch nicht korrigieren.

Der Überarbeitungsprozess

Was überarbeitet man? Grundsätzlich bietet sich alles an, mit dem Sie nicht zufrieden sind, wie z.B. der Umfang des Themas, die Gliederung, jede Formulierung. Wann überarbeitet man? Es ist sinnvoll, erst dann zu überarbeiten, wenn der erste Gesamtentwurf steht, dann verbessert man Vorhandenes. Allerdings ist es manchmal nötig, nach einem ersten Abschnitt bereits die Richtung zu ändern, damit das Projekt überhaupt gelingt. Kann man zuviel überarbeiten? Auf diese einfache Frage kann ich leider nur Nichtantworten geben: Ja und nein. Je nachdem.

Kommt drauf an. Selten, aber manchmal doch ist die allererste Formulierung schon die treffendste. Seien Sie verbesserungsbestrebt, aber nachsichtig mit sich selbst.

Auch wenn Sie sich für das Studium eines geisteswissenschaftlichen Faches entschieden haben, ist Logik in Ihren Formulierungen, Argumentationen und dem Aufbau Ihrer Ausführungen das entscheidende Qualitätskriterium. Rechnen Sie mit dem Verlust von Herzblut, wenn Sie Passagen streichen müssen, die nicht mehr in den Gedankengang passen. Kreativität auf all diesen Feldern macht aus einem guten Projekt ein sehr gutes.

Beim Überarbeiten hat mir ein kritischer Durchgang durch meinen eigenen Text geholfen: Jeder halbe Gedanken fliegt raus, jede ganze bleibt drin. Der Rest bekommt eine logische Ordnung. Schauen Sie auch hier zu den Ausführungen zur eigenen Schriftsprache in diesem Büchlein weiter oben.

Am Ende stehen eine Reihe von Korrekturgängen nach Inhalt, Tippfehlern, Silbentrennung und ganz am Ende nach überlaufenden Absätzen (s.o.S. 80).

6.4 Nach der Seminararbeit

Am besten schon während dem Lese- und Schreibprozess und in jedem Fall nach der Abgabe der Seminararbeit ist eine Reflexionsphase unbedingt gewinnbringend, um kommende Seminararbeiten deutlich zu verbessern:

Worauf kommt es eigentlich bei einer Seminararbeit an? Dabei gibt es einen Unterschied zwischen Ihnen und den Beurteilungskriterien ihrer Seminarleitung. Sie wissen selbst am besten, worauf Sie besonders stolz sein können und wo Sie Verbesserungsbedarf sehen. Banale, aber treffende Leitfragen können sein:

- Was ist mir gelungen?
- Was ist mir nicht gelungen?
- Was war mein Aha-Erlebnis?

- Welche Fragen sind offen geblieben?

Diese Fragen sollten sich sowohl auf die Inhalte als auch auf die Methoden und das Schreiben beziehen. Am Ende steht am besten eine Liste von Dingen, die Sie beim nächsten Mal ändern möchten.

Holen Sie die Arbeit beizeiten wieder ab. Sonst können Sie aus den (hoffentlich hilfreichen) Rückmeldungen und Korrekturen der dozierenden Person nichts lernen.

Die Korrekturen

Seminarleitungen und KorrektorInnen achten auf Texteigenschaften, die sie je nach Fach, Studienordnung und persönlicher Schwerpunktsetzung unterschiedlich werten.

In jedem Fall wird auf Folgendes Wert gelegt, die Gewichtung variiert:

Rechtschreibung und Formales

Form und Vollständigkeit von Titelblatt und Inhaltsverzeichnis, Rechtschreibung, Zeichensetzung, Form und Vollständigkeit der Fußnoten, Korrektheit von Zitaten und Entlehnungen, Literaturverzeichnis.

Gedankengang/Aufbau

Wie ist die Strukturierung? Sinnhafte Einteilung des eigenen Textes in Absätze, Bezug der Sätze aufeinander? Bauen die Argumente aufeinander auf, ist der Gedankengang logisch? Sind sinnvolle Schwerpunkte gesetzt? Ist ihre Setzung hinreichend begründet? Wie gewandt ist der sprachliche Ausdruck und der Gebrauch des Fachvokabulars? Schließen die Kapitel mit Zusammenfassungen oder einem Fazit?

Umgang mit Quellen und Sekundärliteratur

Haben Sie alle relevanten Quellen mit einbezogen? Wie ist der Umgang mit den Quellen? Wurde die Sekundärliteratur gut ausgewählt und verstanden? Wie sind die Darstellung und der Umgang mit dem Gelesenen? Ist ein selbständiger Umgang mit der Sekundärliteratur zu beobachten?

<u>Ausführlichkeit und Richtigkeit des Inhalts</u>
Sind die Argumente solide, sind alle Aspekte berücksichtigt? Gibt es eine kritische Bewertung der einzelnen Forschungspositionen? Wie gut sind die einzelnen Analyseschritte durchgeführt? Werden sie für den Argumentationsgang dienstbar gemacht?
<u>Weitergehender Horizont</u>
Ist ein größerer Horizont im Blick? Wird dessen Vielschichtigkeit deutlich?

6.5 Prüfungen und Examina

Für die Themenwahl gibt es mehrere Kriterien:
-   Billig: Sie haben schon Material oder eine Lerngruppe oder jemand mit einer entsprechenden Klausurerfahrung. Das haben viele meiner Kommilitonen gemacht, um eine (vermeintliche) Eins zu bekommen. Die Motivation für ein solches Thema aufzubringen, ist in der Zeit, in der man erschöpft und überarbeitet ist, sehr sehr schwer. Es macht die Examenszeit zu einer ziemlich ekligen.
-   Nutzbar: Eine Reihe von Themen sind für die spätere Berufspraxis wiederverwertbar. Hier habe ich keine Erfahrungen.
-   Interessant: So habe ich meine Themen gewählt. Ich hatte schwierige Themen, selten geprüft und kaum Vorarbeiten von anderen, wohl aber von mir selbst. Ich habe in dieser Zeit mehrmals geflucht, warum ausgerechnet ich solche Themen gewählt habe. Trotzdem hat es mir gebracht, dass ich gerechte (und im End-

effekt sehr gute) Noten bekam, dass ich mich gern an diese Examenszeit und vor allem das Lernen und Erarbeiten erinnere, dass die dort erarbeiteten Themen und das Wissen mich seitdem begleiten. Auch die Prüfer hatten ja solche Themen selten, und so bekam ich keine Prüfung nach Schema F. Sie haben mir wirklich zugehört, was bei „Die Mädchenfiguren in Pippi Langstrumpf" womöglich nicht passiert wäre.

Ich hatte eine einzige Prüfung bei einem überlaufenen Prof, der nur ein paar Themen überhaupt zur Auswahl stellte. Meine Klausur war meines Erachtens sehr gut. Aber in einer späteren Sprechstunde ging er auf meine Klausur ein, obwohl ich nicht danach gefragt hatte. Die Art der gönnerhaften Beurteilung, und sogar Sätze und Teilnoten zum Schriftbild zu verlieren, fand ich regelrecht bevormundend. Seine Benotung war auch mit Abstand die schlechteste. Seitdem habe ich beschlossen, als Prüferin selbst immer meine eigenen Benotungskriterien *vor* der Prüfung offen zu legen.

Was sollen Sie nun tun? Sie studieren womöglich mit einem Numerus clausus vor der Nase. Und grundsätzlich ist alles überlaufen. So empfehle ich Ihnen gesamthaft eine Mischung. Was welche Anteile hat, sollten Sie selbst und ganz allein entscheiden. Machen Sie einen Gesamtentwurf (inklusive einem ehrlichen Zeitkonzept für die Vorbereitungen natürlich) und steigen damit auf einen Hügel oder einen Deich. Da gucken Sie in die Landschaft. Wenn Sie vom Wind ausreichend durchgepustet sind, schauen Sie sich ehrlich Ihren Plan noch einmal an. Und treffen dann eine Entscheidung.

7. Nachwort

Auf den vorhergehenden Seiten wurden viele Felder abgeschritten. Aber ein Tun kam so gut wie gar nicht vor: Nachdenken. Um eine Orientierung zu behalten, das Gelernte wirklich zu verstehen und zu behalten, Gedanken zu verknüpfen, und letztlich: um zu studieren, ist Nachdenken letztlich der beste Weg.